我的母亲刘群先

中国杰出的女工领袖

秦新华 著

中国社会科学出版社

图书在版编目（CIP）数据

我的母亲刘群先：中国杰出的女工领袖／秦新华著．—北京：中国社会科学出版社，2018.5

ISBN 978－7－5203－2535－6

Ⅰ．①我…　Ⅱ．①秦…　Ⅲ．①刘群先—传记　Ⅳ．①K828.1

中国版本图书馆 CIP 数据核字（2018）第 091512 号

出 版 人　赵剑英
责任编辑　王　茵　孙　萍
责任校对　杨　林
责任印制　王　超

出　　版　中国社会科学出版社
社　　址　北京鼓楼西大街甲 158 号
邮　　编　100720
网　　址　http：//www.csspw.cn
发 行 部　010－84083685
门 市 部　010－84029450
经　　销　新华书店及其他书店

印刷装订　北京君升印刷有限公司
版　　次　2018 年 5 月第 1 版
印　　次　2018 年 5 月第 1 次印刷

开　　本　880×1230　1/32
印　　张　4.625
字　　数　76 千字
定　　价　58.00 元

2012 年 2 月 10 日，秦新华在“讴歌伟大母亲——长征女红军”启动仪式上讲话

2012 年 2 月 10 日，秦新华为“讴歌伟大母亲——长征女红军”活动题词

2015 年 8 月 10 日，秦新华出席第二十四届全国青少年计算机表演赛并讲话

2011 年 8 月 15 日，秦新华出席第二十届全国青少年计算机表演赛，为获奖选手颁奖

2014 年 10 月 30 日，秦新华与李铁映同志一起出席纪念金维映烈士诞辰 110 周年活动

2016 年 4 月 9 日，秦新华、李铁映同志一起出席延安“四八烈士”纪念活动

秦新华工作照，摄于 2011 年 11 月 21 日

2013 年 7 月 26 日，秦新华出席第十九届全国青少年高尔夫球锦标赛，与获奖选手合影

目　　录

前　言

这是中国共产党建党初期，一位不愿做奴隶的小童工，为砸碎万恶的旧社会，为解放中国劳工妇女，成为一名女共产党人。她是当年风云国际、国内舞台的工运代表，是向世界展示中国女工精神的豪迈者。美国著名记者埃德加·斯诺在《西行漫记》中称誉刘群先是：中国杰出的女工领袖。

刘群先

秦邦宪（博古）

我的母亲刘群先 1907 年 9 月 30 日生于无锡刘潭村一个有名而穷苦的农民耕读世家中，与我的父亲秦邦宪（博古）是同乡同龄人，但比父亲小三个月。

最珍贵的礼物

1937 年，驻华日军悍然发动“七七事变”（又称卢沟桥事变），中国抗日战争全面爆发。

1937 年 8 月 13 日—11 月 12 日淞沪会战，上海沦陷。

1937 年 12 月 5 日—13 日日军占领南京，并对中国百姓进行了惨绝人寰的长达六周的血腥大屠杀。

1937 年 10 月，中国共产党在国民党统治区的一些主要城市设立了八路军办事机构——八路军办事处。

1937 年 12 月初，日本侵略军进逼南京市郊，在依稀听到炮声时，我八路军南京办事处的几个同志随叶剑英、李克农同志最后一批撤离南京。12 月 15 日，董必武同志遵照党中央的指示，筹建了武汉八路军办事处。这是中国共产党在国民党统治区设立的公开办事机构。南京失陷后，中共中央决定在武汉成立长江局，我的母亲刘群先和父亲博古都被派往武汉长江局工作。

1938 年 1 月 11 日，中共中央长江局机关报《新华日报》在汉口创刊。当时我父亲正在创刊成立会上讲话，得到我出生的消息，非常高兴地给我取名新华。由于我父亲是北宋婉约派著名词人秦少游第三十二代传人，我是第三十三代，因此取姓秦，取名新华。父母亲对打败日本帝国主义、建立新中国充满必胜的信心。希望在苦难战争中生长的孩子们，都能在新中国的阳光下健康成长，过上幸福的生活。

秦观（字少游）

1938 年 6 月，武汉保卫战打响，到 10 月 25 日，历时四个半月，以中国军队主动撤出武汉而宣告武汉保卫战结束。武汉保卫战是整个抗日战争时期，也是世界反法西斯战争以来，规模最大、歼敌最多的一次战役，让日本美梦破灭，抗战进入持久战和战略相持阶段。

武汉沦陷后，“八办”迁到重庆。临行前母亲把我托付给武汉一个女工——我的乳母。乳母和母亲恋恋不舍地分手时，她们有一个契约：三年后把我送到延安。

三年后，乳母千辛万苦地把我送到了延安，遗憾的是，在延安没有见到三年前的托付人——我的母亲。乳母非常难过地、依依不舍地、默默地流着泪离开了延安。她走后，我天天跑到清凉山上，哭喊着我的乳母，乳母不应，我就在清凉山上不同方向哭喊，乳母还是没有回应，我就在地上打滚撕心裂肺哭喊，鞋子也蹬飞了，声音也嘶哑了，成了一个埋汰的小土泪人儿。工作人员没办法，只好把我送到了延安保育院。

虽然我和母亲、乳母只在襁褓中见过面，但她们在千难万险中给了我最珍贵的礼物——生命，把无限的爱融入我的生命灵魂和血脉中，抚育我成长！父母亲用生命和鲜血让中国人民站起来了！在苦难战争中生长的孩子们，今天，都在新中国的阳光下健康成长，过上了幸福的生活。我永远怀念父母亲，怀念乳母！永远感谢他们！永远爱着他们！

叶落归根的宗亲文化

中华民族是一个有着五千多年悠久文明的伟大民族，在五千多年的文明发展历程中，创造了博大精深的中华文化，为人类的文明进步做出了不可磨灭的贡献。中国文化非常重视家族宗亲的血脉联系和传承，很多家族都有着自己的家谱和祠堂，很多地方都有地方志，进而构成了中华文化中的一种特殊的文化史、社会史。对家族的记录传承，构成了民族宗亲的历史和文化。中国人不仅重视自己的家庭和自己的亲戚，同时也十分重视自己的姓氏。姓氏就是中国一脉相承的宗亲，这种宗亲姓氏，就是中国宗亲的文化，就是同姓人对自己祖先的尊敬和纪念。中国人就是以这种方式来寻求自己姓氏的根，也就是同姓人的根脉。这就是中国人对自己的家族，对寻求自己姓氏根的特殊亲情和文化。为什么中国人无论走到哪里，在要离开这个世界时，一定要叶落归根呢？这是对家族宗亲的心灵需求和生命的渴望，也可以看作中国人心灵和文化的一种根结。

无锡五牧刘氏

——母亲刘群先家族血脉和宗亲传承的根

无锡五牧刘氏先祖源远流长，历史深厚。据《无锡五牧刘氏宗谱》记载：我的母亲刘群先的家族背景曾经十分显赫。追溯先祖，刘氏出自帝尧陶唐氏，尧帝封刘姓氏，至夏刘累为御龙氏。刘氏自古就被称为龙的传人。龙头斧钺是刘氏的图腾！

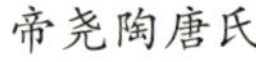
帝尧陶唐氏

刘姓始祖 刘累

刘氏在历经夏、商、周、春秋战国、秦、汉、三国、晋、南北朝、隋、唐、五代十国、宋、元、明、清等朝代，数千年来更替发展为九族。居住京兆府（西安市）者为九族之一。其刘氏源出于汉高祖刘邦的弟弟楚元王刘交之后裔。周朝士会兴晋到刘清定居丰沛。汉高祖六年（公元前 201 年）封刘交为楚元王，都彭城。直到唐文静助李渊、李世民建唐朝。五代十国是个大混乱、大动荡时期，名都长安和洛阳、扬州，于五代十国“五季之乱”均化为灰烬。为避“五季之乱”，唐刘楚由京兆府（西安）万年县徙入闽中，散居建阳、浦城，今麻沙、五夫，诸刘皆其后，浦城县延庆寺后尚有祖坟在，遂成闽中五忠刘氏。五忠刘氏的支裔部分，在南宋末迁至吴地京口（今江苏省镇江市）、松江（今上海市松江区）、云阳（今江苏省丹阳市）。后又搬迁至建康、金坛、常武、无锡、宜兴、

无锡　刘氏祠堂街

无锡　刘氏祠堂

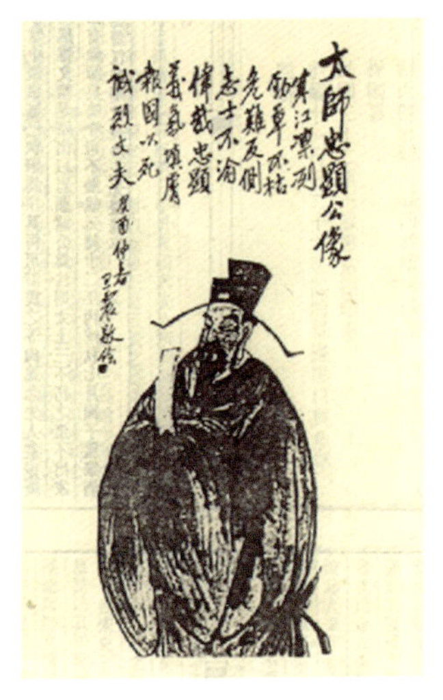

刘　韐

无锡　刘氏祠堂正门楹联

江阴、靖江、苏州、绍兴等地，成为江浙地区的名门望族。刘敏诚（刘子翚十二世孙），迁居无锡刘潭桥。

五忠后裔自明万历末至清顺治初，有进士55人，其中江南刘若宰、江西刘同升为状元，刘应秋为榜眼。其文风之盛，仕宦之多，少见。无锡五牧刘氏共有14个举人，其中8人为进士。

两宋三百年间，中国境内存在几个民族政权并立的局面，北宋时期，北边和西边有辽、夏、吐蕃等政权，以后又有从东北崛起的金政权，宋、金对峙一直延至南宋。

无锡五牧刘氏一世祖刘韐（1067—1127），绍圣元年

(1094)进士。历任县令、府事、真定宣抚使、河北河东宣抚使、资政殿学士等。为助童贯破大辽夺燕云之地，刘韐奉命在河北招募了一批“敢死战士”编队应战。是时，岳飞踊跃应募，成为“敢死战士”中最初的一员。由于他智勇双全，受到刘韐的赏识，加以重用，被委任小队长之职。后因功提升为统管十三个小队的两个副队长之一，逐步成为一位抗金名将。岳飞除了自身素质和适逢天时地利条件外，刘韐对他的器重，一手提携他的成长，也是至关重要的因素。刘韐造就了一代名将和忠

岳　飞

无锡　刘氏祠堂内景

臣，彪炳史册的民族英雄。

靖康元年，金兵大举南下，独刘韐屡胜金兵。当金围汴京，军情紧急，钦宗才悟而召见刘韐回京，拉手哭泣曰："勿听卿言，致此。"未久，钦宗被迫议和，金人称：欲和须叫刘韐来谈。钦宗无奈，命韐去金营。刘韐到金营后，优为接待，置之不谈。约一月后，金人派仆射韩正与韐公谈："国相知公名，欲用公为金国相。"韐公仰天大呼断然而言："有是乎！"归召部下曰："虏乃欲用我，我当以死报国耳。"部下泣拜，韐公曰："死生命也，宁为不义，屈乎？"即片纸手书曰："金人不以予为有罪，反以予为可用。贞女不事二夫，忠臣不事二君，况主忧臣辱，主辱臣死，以顺为正者，妾妇之道。此予所以必死也！"付书部下归报诸子，随即沐浴更衣，酌卮酒，用衣绦而缢，自经殉节成仁。时为靖康元年丙午十二月十六日（1127 年 1 月），抗金名将、宋靖康殉节第一人。宋高宗御书"旌忠褒节"碑额，赠太师、封魏国公、谥忠显。

二世祖刘子羽，韐二子，宋抗金名将，三十多年来驰骋抗金前线护全蜀，吃尽苦辛，历尽艰险，使川蜀得保。谏议大夫，赠少傅，封卫国公，谥忠定。

二世祖刘子翚，韐三子，学者称屏山先生。屏山先生之父韐公，死于靖康之难，屏山先生痛愤已极，护父柩归武夷山间屏山之下，庐墓三年，哀伤过度致疾，号病翁。因此辞官。归居武夷山五夫里，他在痛苦中挣扎、呕心沥血地潜心治学，探求靖康之耻的形成原因和思想根源，以求通过儒学、易理来寻求强国富民的方法，提出了要用“引援而归之，会而通之”来处理思想和理论上的混乱，用“不远复”作为治学的方法。他的学问是力求民族强盛和国家统一、人民安居乐

刘子羽

刘子翚

业的学问。他最重要的思想是把世界上一切丑恶的一面归于私，认为世界上私字产生的原因是“各公其公，私乃生焉”，是造成祸国害民的根源。

刘 珙

三世祖刘珙，爱国名臣，曾任中大夫同知枢密院事兼参知政事，观文殿大学士、知建康府、江南东路沿江安抚使行宫留守，后赠光禄大夫、太师，封鲁国公，谥忠肃。

朱 熹

绍兴十三年（1143），朱熹遵父遗嘱携母从建州城南迁至崇安五夫里。时在家奉祠的刘子翚、刘子羽受朱松之托，在潭溪之上、屏山之下构筑“紫阳楼”，并提供田地，以供朱熹母子起居读书之便。朱熹在这里生活了五十年。屏山先生用血和泪哺育出忠肃公刘珙和文公朱熹两个伟人。

朱熹的历史地位是孔子之承者，后人称“北孔南朱”，又称“北有曲阜，南有五夫”。后世的文人亦尊屏山先生为“万世师表”。到宋理宗时，追赠太师，封齐国公，谥文靖。

上述三世有三忠、四国公、三太师、一少傅，谥号有四，为世罕见。这种文武官世代交错的家族，在中国古代是不多见的。

苦难的童年

——生活在人间最底层

母亲刘群先，原名琴仙，参加革命后立志为工农大众谋解放，取琴仙谐音为名群先，是无锡市刘潭桥人。1907年9月30日，母亲刘群先降生在一个耕读世家的门中。

自1840年起，西方列强先后发动了鸦片战争、中法战争、甲午中日战争、八国联军侵华战争等，近80年的时间里，列强强迫清政府签订了《南京条约》《北京条约》《马关条约》《辛丑条约》等一系列不平等条约。据统计，近百年来，外国侵略者通过不平等条约，掠夺战争等赔款高达白银1000亿两，其中通过《南京条约》《马关条约》《辛丑条约》等8个屈辱不平等条约清政府共赔款19.53亿两白银，相当于清政府1901年财政收入的16倍。日本仅通过《马关条约》就勒索清政府2亿3千万两白银，相当于当时日本国家财政四年半的收入。日本用这些巨额赔款大力发展工业，尤其是与军事有关的工业，大大促进了日本的崛起，也成为日本军国主义的资本。一系列不平等条约和战争赔款给中国带来了深重的灾难，统治中国几千年的封建制度处于整体崩溃的前夕。中国从一个完全独立自主的国家一步步沦为一个半殖民地半封建的国家，面临着亡国灭种的危险。

刘隆生，刘群先的父亲，我的外公，字用康，号龙生。幼年读史书，文才俱佳。他是闽中五夫里五忠刘氏后裔，五牧刘氏是在南宋后期迁至吴地京口（今江苏省镇江市）等地，经多次迁徙，刘子翚十二世孙刘敏诚于1395年迁居无锡刘潭桥。他是刘韐的第二十六代世孙，刘子翚的嫡系后裔。刘群先出生在有名而穷苦的农民大家庭，家里有爷爷、奶奶、父亲、母亲、叔叔、婶婶、哥哥、姐姐，还有三个堂哥哥、一个堂姐姐，后来婶婶又接连生了两个堂妹妹，全家总计有十五口人，挤在五间茅草屋里住，除了屋前屋后自家开了不到三分菜地外，全家没有一分田地。祖父是掏粪工，每天半夜去城里给雇佣他的人家掏粪，父亲和叔父农忙时给人打短工，农闲时父亲做泥瓦匠，村里人家雇他修房补漏或参加盖新屋，有时摆个摊给村里人补鞋，祖母、母亲、婶婶成天在菜地里忙活，摘下来的新鲜好菜，大堂姐和婶婶就挑到城边大路旁摆摊卖菜，卖剩下来的才是全家吃的菜，小孩子们就打柴、拾荒、给地主家放牛，刘群先很小就跟着母亲在菜地里干活。父亲因为人正直，为乡里所赞誉；由于做人公道，族人推举他管理五牧刘氏家祠。他生活的年代，正是清朝同治和光绪年间，灾难深重、民不聊生。刘隆生因家境贫寒，除了种田，还帮人撑船，平日是靠刷墙抹灰度日。他生于 1869 年，卒于 1907 年 10 月 17 日。生有一子二女。

1907 年 9 月 30 日，无锡刘潭桥刘家，一个婴儿呱呱坠地，她就是刘隆生的幼女刘群先。母亲刘群先的童年充满了危机和苦难！

在母亲刘群先出生 18 天，其父刘隆生 38 岁，就因生活艰难劳累过度而早逝。于是，一个流言悄悄传开：在封建迷信的旧社会，妇女生活在社会的最底层。母亲刘群先被人们称为“扫帚星”（就是会给家里带来不幸灾难）。三年后，家中的主要劳动力祖父和叔父因瘟疫的袭击相继去世。母亲刘群先上有大她 9 岁的姐姐刘素芝，大她 6 岁的哥哥刘洪根。家道崩落，四壁拮据，为了生存不得不分家。她和母亲、姐姐和哥哥，分了一间半破草房、一分菜地、三棵桑树。全家生活只能靠哥哥出去打短工，靠患有严重哮喘病、忧郁寡欢的母亲徐氏，用养蚕和纺丝线、种菜地的收入抚养儿女，维持一家的生计，度日十分艰难。

当时，中国南方妇女时兴头上戴好看的发网。为了生存，9 岁的群先，就同姐姐跟着村里的一个大婶学会结发网。因心灵手巧，编出的花样新颖诱人，吸引小贩上门收购。她姐妹俩一天能结 14 个，1 个发网卖 1 文半钱，除去买线的 1 文本钱，一天能赚 7 文钱，补助家里用。（可是小贩转卖后，在城里商店 1 个发网至少卖 3 个铜板）哥哥很高兴她们结发网赚了钱，让她们留着自己用。群先稍长，勤奋好学，十分聪慧，专心聆听家族中老人讲述先祖立德、立功、立言的生动事迹，形成了忠孝好义、执着、勤俭、好学的性格。她做手工挣钱除补贴家用外，还为了解决上学的学费。

孤弃童养媳　啼血小童工

刘群先 11 岁时，哥哥刘洪根已经到了要结婚的年龄，他的婚事需要一笔钱。家里穷困无奈，除了卖刘群先外，没有任何办法可以筹钱给哥哥完婚。群先在自己家里时，母亲最疼爱她，从不干涉她的事情，生活得很自由。为了传承家族忠孝的美德，为了表示对母亲、对家人的爱，群先同意卖身做童养媳，为哥哥完婚。经姨妈的左右逢源，里挑外选，将刘群先卖给了家境稍好些的无锡吉祥桥附近唐湘泉家，做他继子的童养媳。

唐湘泉是当地美孚火油工厂厂主。刘群先卖到这家后，童养媳好似一个囚犯，每天起大早向唐湘泉夫妇磕头请安，送水点大烟，伺候他们从早一直要忙到深夜里 12 点，等待他们全部睡觉安稳了，11 岁的群先才能去睡。整日劳累不堪，一不小心犯了“规矩”，婆婆随手就拿起头上的簪子狠狠地扎在她的身上和手臂上，有时还用烟烫她。进了这个家就没有吃过一顿称心饭，更谈不上吃饱了，每天要侍候公婆抽大烟，公公嫖娼回来俩人就大吵大闹，一边抽大烟一边吵，吵完再吸，吸了再吵，周而复始没完没了。小群先只能逆来顺受，稍有反抗就招来婆婆一顿臭骂，罚她两三天不准吃饭，折磨得小群先骨瘦如柴，最终病倒了。她母亲闻讯赶来把她接回家住了一年左右。母女俩靠种菜、织手套和袜子挣钱生活。群先 12 岁那年，母亲在贫病饥饿中死去。

13 岁那年，刘群先的公公婆婆相继去世。那时候，幼小的群先开始琢磨：我的人生出路在何方？苦命是由于我的命运多舛吗？她厌恶这个受尽折磨的火坑。

公婆需要安葬，她随小未婚夫，雇了一艘船，押着这两具养父养母的棺材，回到老家太湖附近的一个村落，将养父养母的棺材安葬在一座出产黄石的山边。安葬完的第二天，小未婚夫就下休书，说："我要走了，我养不活你，解除婚约。你就留在我表兄家干活，他们供你饭吃。"刘群先坚决不干，下定决心一定要逃离这个火坑。哭着要回自己哥哥家。这家表兄歪着嘴说："我帮你们挖坑做坟，你们都没给钱，你必须留下干活还债。"表嫂也不愿刘群先离开，想拿刘群先当他们的婢女使唤，开始怕她跑，就把她反锁在屋里。后来就让她每天必须下地干活、砍柴、拾果，才有饭吃，折磨又开始轮回。有次上山砍柴时，刘群先突然发现这村的山后大河中有一条小木船，每天早上往城里开，她终于找到了逃命的希望。一天早饭后，她想搭这船逃走，当爬上那座石山，发现山顶有一个大坑，她跳不过去，不得不绕了个大弯，可绕过来了，船也开了，她只得悻悻而归。第二次她再想逃时，被表嫂捉住了，她站在院子里，一手掐腰，一手点着刘群先的头大吼："我是一口井，你是木桶里的水，你一倒进我这口井中，想跑也跑不掉。"新年快到的时候，刘群先不顾村里的禁忌（新年号哭是要招来贫穷和倒霉的），再次大哭大闹，结果又挨揍了。

打骂没有阻挡她逃出火坑的决心。阴历十二月二十五日，除夕快到了，家里忙着办年货，趁着表嫂没注意，她一溜烟逃了出来。小船缓缓开启，穿过激流，向城里驶去。小群先在现实面前开始明白：忠实于自己内心的真实感受，就不会迷失自己，成功只有起点，没有终点。成功是终生走不完的路，应该终生努力，终生奋斗，才能逃出悲惨的命运。江风撩起她的秀发，她的目光定格在忧伤和抗争命运的希望中。下船后她沿途要饭，回到自己的家乡黄岸头村时已经过了正月初一。群先12岁时，母亲徐氏已经去世。跑回家的刘群先，既没有地方住，又没有钱。当她想起以前曾经做手套和袜子时，攒下过5块钱，寄放在一位亲戚家里，她希望能够找到，拿回来救急，结果亲戚他们早就逃走了。小群先绝望地跑到村头，顶着风放声大哭。富人瞧不起她，是嫌她穷，穷人们瞧不起她，嫌她苦命，她走投无路，真相信自己是天底下最苦命的人。她只好先寄住在家境不好的姐姐家，后回到哥哥家。穷困的身世，连嫂嫂也拒绝收留，甚至不同群先说话，也不给饭吃。最后是姨妈临时让她到家里寄食。当70岁的外祖母见到瘦骨嶙峋的小群先时，竟怜悯地抱头恸哭。终于接纳她在自己家寄宿，这样生活才算暂时安顿了几天。

那时乡里有一种说法：只要你在正月大年夜里做了梦，不管这梦是好是坏，你这一年一定会交好运。就在那一年的正月夜里，刘群先真做了一场梦！当时她快活地一早就起身，打开房门，呼吸着涌进门的新鲜空气，望着天上的白云，把梦告诉了家人。家人说这是一个好兆头，要是能在工厂里找到活干，一定会成功的。那时乡里，不管家境多么穷困，送女孩去工厂做工，都是一件丢脸的事。然而就在正月初五，她终于走到城里，那时候她不到14岁，并找到了进厂的工作。

毛泽东指出，中国的第一代工人阶级，多半是出身于破产的农民。中国无产阶级所具有的突出优点之一，就是他们“和广大的农民有一种天然的联系，便利于他们和农民结成亲密的联盟”。（摘自《中国革命和中国共产党》）

刘群先在无锡庆丰纱厂做工。厂主姓唐，工头又是同乡。刘群先在工厂附近找到了住处，是与一对夫妇同住，虽然十分不便，但是用不着付房钱。她自己烧饭，小小年纪如此窘苦地生活，她轻松应对。工厂每天4点半开工，晚上8点或9点散工，一天做工16个小时。由于工头是同乡人，对她们不错，基本的操作技能掌握得又快，开始并不感觉痛苦，只是一整天不停地绕着机器走，连站住歇一会儿

无锡庆丰纺织厂

都不行，下工后浑身没劲，非常疲倦。没多久，她晚8点刚下工，就遇到个同乡，他们知道她的情况后，不由分说，让她搬到纱厂女工宿舍和女工姐妹同住。她第一次感受到人间还有女工姐妹这样的胸怀、关爱和温暖。

庆丰纱厂规定：早上4点半开工，晚上8点下工，迟到10分钟，工头就咒骂扣工钱。早起晚归的生活，有的女工就说自己几个月也没看见过白天，还有一些老工人竟说几年没有见过太阳。报酬是按工作的总额计算的，每天大约挣2毛钱。做一个半月工，只能得到2块7毛钱。依照工厂的惯例，工人第一个礼拜是没有报酬的。如果你是在一月里开始上工，你就要等到二月过半，才领得到一月上半月的工钱，不继续干活，中途离开就不给钱，算白干。工钱是按月计算，如果机器损坏或停止，生产降低，工资就减少。因此，工人们害怕机器坏，要小心保护它。每当机器损坏时，稽查员以减低工资处罚工人，有时甚至还要偿付修理机器的费用。工厂还有着“大洋”和“小洋”的区分，要是一个工人被罚了5分钱，那么余下的9角5分时常是用小洋支付，因此她们又遭了一番损失。当刘群先上工一个半月，第一次领到这 2 块 7 毛钱时，失望地站在工厂门口泪流满面。

早期的中国产业工人，不仅是受着资本主义剥削的雇佣劳动者，而且直接身受外国资本—帝国主义的压迫和封建主义的压迫。资本家称中国工人为苦力，以极低的工资、在极恶的条件下驱使中国工人从事劳动。还利用封建的把头制来奴役中国工人。对于工人实行超经济的残酷剥削。

刘群先经常会问自己："这苦日子什么时候才能改变？苦难真是命运决定吗？"她决定去算命：先穿着一件破旧的衣衫，算命先生说："你的命不好！"后来，她借一件新衣穿，算命人对她说："你的命好。"由此，刘群先相信了她的新思想，所谓"命"，全是瞎说的，那只是以衣貌取人罢了，这使她不再害怕命运。

刘群先当时不懂为什么贫富有差距？厂主的孩子那时候刚从英国回来，就负责管理这个工厂，工头恭敬地称他为"少主"。

每一个工头管理 60 部机器，而每一架机器要生产 6 匹布。要是少出一点，工头便毒骂和处罚工人。要是你活做得多，工头就得赏钱。工头每天的工钱只有 6

角，收入全靠工人额外支付：上厕所规定每人一天两次。超过两次时，得向工头买纸，一次两个铜板，超过用厕时间交罚金两个铜板。女工们所受的盘剥一言难尽，纱厂日工有 3000 人，夜工则有 4000 人。工头们极尽搜刮之能事。每天收工还要搜身，上千女工排成长龙，连女工的裤筒也要搜查。女工每个人都要穿过一条狭小的走廊接受检查。你要想快点出去，得给工头塞“门钱”，一个人 5 个铜板，他就让你走便门。

1924 年冬天，一位年轻的女工从高处跌下来，落在一架大机器上，给碾死了。工人为此开始怠工 3 个钟头，逼迫厂方给她的家庭 30 块钱。当时女工们不晓得怠工的政治意义，这次完全是自发的。这件事情教育了刘群先，初步感知工人姐妹只有团结起来，才能改善自己悲惨的命运。

一次，刘群先的长发给机器绞住了，她不得不把头发剪去。她的手也曾受过一次伤，只能忍痛坚持。还有女工的眼睛因为长期过度紧张盯机器，生活窘迫，营养又不良，结果失明，最终被迫离厂回家。刘群先恨透了狗仗人势的工头，时常气得把棉花掷在地板上，不管工头如何训斥，她死也不把它捡起来。厂主就以刘群先带头误工闹事为由，将她开除出厂。

中国劳动人民凭着勤劳和智慧，只要接触到新式的机器，就能够很快地学会并掌握它。由于刘群先掌握技术好，出活多，在无锡纺织业小有名气，很快就被中国最大的产业资本家荣德生家所开的申新纱厂录用。她仍然每天工作 16 个小时，一月下来工资已有 20 元，可以省下钱来，帮助接济她可怜的哥哥和嫂嫂。能够挣钱，她和家庭的关系也好多了，乡里的人再也不提刘群先是“苦命鬼”了。

纱厂砺大志　风云铸金魂

当你把心举成自己的灯盏时，你会看到，路在你的脚下诞生。1925 年初，刘群先入申新纱厂半年时间，遇到一个年轻的共产党领袖，他是从上海来的机器修理匠，名字叫秦起。秦起原名秦锡昌（别号慰群），出生于无锡城中大河上一个贫民的家庭里，他的父亲秦怡庭起初在磨坊里当一名小职员，秦起小时候，家庭生活十分贫困，靠母亲省吃俭用替人家缝补、洗衣生活，幼年的秦起在大娄巷唐氏小学读书。

“五四”运动时，秦起参加了童子军，积极参加抵制日货的宣传活动。14 岁小学毕业后，就由母亲恳求亲戚将其介绍到茂新面粉厂，在茂新二厂麦务处当练习生，他刻苦勤学，每月所得津贴，半数交给母亲补贴家用，其余都用在购买书籍上。1921 年，中国共产党诞生，无锡街头开始出现《向导》《新青年》等进步刊物。秦起千方百计省下零用钱，购买进步书刊阅读。1924 年，无锡已有了中国共产党组织，1925 年“五卅”运动中，上海党组织派人到无锡，在崇安寺一带开展宣传活动。每次演讲时，都会发现听众中有一位青年，每次必到，专心听讲，而且每次都坚持听完。这位青年就是秦起同志。党组织就约他在惠山一个破祠堂里交谈，从此，地下党组织的《向导》周刊每期都会给秦起同志寄来。同年下半年，上

崇安寺旧迹

海党组织派肇星伍同志来无锡考察工作，并介绍秦起入党。从此，秦起同志走上了革命征途。在申新纱厂，秦起从未把他真正的身份告诉外人，只是竭力做一个普通的工人。厂里的人都非常尊敬他。

西水墩工人夜校旧址

为了宣传革命真理，唤起民众，并培养工人骨干，在上级组织的指示下，1925 年 4 月秦起等同志在无锡西水墩西水仙庙，正式创办了无锡贫民夜校，这是中国共产党在无锡创办的第一所工人夜校。秦起自己编写教材，担任教员，一面传播马克思主义，另一面教工人识字：在教工人学写“工”“人”两字时，他有意再把两字合写成一个“天”字，他说：“工人团结起来，力量就大如天！”他用这种联想的方法教字，使工人容易懂，记得牢，参加夜校上课的工人就越来越多了。

当时，夜校负责人是共产党员周启邦，他的公开身

周启邦

份是夜校老师，实际上是中共无锡支部的支部书记。夜校招收附近的申新三厂、振新纱厂及一些丝厂的女工，刘群先也被吸收参加。夜校不收费用，教工人识字的同时，也对工人进行阶级教育，宣传马列主义思想，用的教材是《青年平民读本》。夜校结合工人的实际生活，进行文化启蒙和革命道理讲解，为无锡的工运培养了大批积极分子。饥寒交迫的刘群先横堵于心中久久无法释放的受压迫受剥削的苦难之谜，似乎找到了带领自己穿越黑暗、点燃心灯的组织。

无锡申新三厂

从此，共产党组织召开任何会议，刘群先总是主动参加，并逐渐明白了工人每天做十几小时的工，牛马不如，这不是命，而是资本家剥削压迫的结果。工人们只能联合起来，跟资本家进行斗争，才有活路。她经常同上海来的共产党员秦起接触，秦起教刘群先读书，虽然不明白共产主义的真实意义，但她喜欢这个共产党员的作为。在秦起的帮助下，刘群先思想觉悟逐步提高，正式向党组织提出要求入党的申请，决心为穷苦的劳工姐妹翻身解放贡献自己的一切。1925 年 10 月，刘群先被中共无锡地委党组织正式批准为中国共产党党员。入党介绍人是中共无锡地委委员秦起，书记张佐臣。

秦　起

张佐臣

1926 年春节，无锡县委书记秦起调刘群先担任县委妇女运动部部长。刘群先再度被派往庆丰纱厂，帮助该厂建立党支部和工会组织。刘群先深入女工宿舍，同她们拉家常，热情刻苦地做着党的宣传工作。她向工人讲述 1925 年 5 月 30 日发生于上海的“五卅运动”惨案，号召女工们团结起来，建立工人组织，自己救自己，向社会不公平做斗争，她声音提得很高，致使她的嗓子沙哑失声。厂方和当局被共产党的秘密活动弄得非常恐惧。在秦起、刘群先等中共党员的组织带领下，庆丰纱厂党支部、总工会相继成立，许多工人先后加入了工会和党的组织。5000 多工人的工厂，已有 100 名党员。纱厂的工人要比丝厂的工人觉悟高，因为缫丝厂大多是较落后的女工，纱厂却是男工居多，而从上海来的那些受过政治训练的工人，又多半是棉纱工人。在丝厂方面，她们也为讨薪增资举行过一次罢工，女工们勇敢地砸毁了工厂的玻璃。1926 年 4 月，所有的丝厂全都罢工，约有 20 个领袖被捕，后来释放的只有几个。

1926 年 5 月，无锡瑞昌丝厂资本家为了稳定工人、阻止熟练女工外流跳厂，暗中把工人工资提高了 3 分钱（从每日 4 角 2 分增为 4 角 5 分）。这一消息很快传到了其他丝厂，秦和顺、振丰、义丰、澄丰等四厂女工纷纷向资方提出加资要求，均遭厂方拒绝。组织上又派刘群先回到德兴丝厂继续工作。

5 月 19 日下午，这些丝厂的女工全部罢工。四个厂的经理召开紧急会议，推秦和顺厂的经理陶辑敬出面与工人谈判，同意将工资提高到与瑞昌一样，还答应在新茧上市后再加 5 分钱，四个厂的工人罢工取得了可喜的胜利。

丝厂工人斗争的胜利，鼓舞了其他厂工人，他们纷纷提出提高工资的要求，德兴丝厂厂主被迫秘密与女工谈判，答应将工资提高到 5 角 3 分，还另发特别奖 5 元。5 月 20 日下午，当工人们向资本家领取工资和特别奖时，资本家却推说：接丝业公司程炳若的电话，嘱咐禁发。工人们得知拿不到钱，是乾甡丝厂经理程炳若在中间作梗时，一下子被激怒了，成为这次丝厂女工总罢工的导火线。5 月 21 日，德兴丝厂五六百名女工在刘群先、王彩宝的领导下，整队到乾甡丝厂找程炳若算账。程炳若给警察局打电话，要他们前来镇压，警察赶来当场扣押了 13 名谈判代表。

厂方勾结警察扣押代表消息一传开，女工们义愤填膺。刘群先、王彩宝等人立即到各厂串联协商，带领各厂女工前往乾甡丝厂声援。在场的几百名女工向乾甡丝厂投掷石子以示抗议，巡长孙子卿挥藤鞭指挥警察用藤条抽打示威女工，女工们蜂拥而上，夺过警察手里的藤条，痛打孙子卿，孙子卿狼狈而逃。女工们乘胜捣毁了丝厂账房，斗争坚持了3个小时。

为了迫使厂方接受工人的要求，释放被捕的工人代表，刘群先分头到各厂动员、串联源康等6家丝厂工人声援，他们立即响应，停止生产，纷纷出动。罢工的工人，在通运桥附近越聚越多，声势越来越大。

各厂资本家和反动当局，惧怕丝厂罢工浪潮发展到其他行业而难以收场，又值新茧上市，再拖延下去损失更大，不得已接受了女工提出的复工条件，从而使这次无锡史上空前的大罢工取得了胜利。刘群先在党的领导下，参加并组织了这次罢工斗争，工人的拥护，更坚定了她的信念，斗争能力显著提高。

女工的斗争，使无锡资本家大为恐慌。22日上午，他们在丝业联合会召开紧急会议，秘密决定对工人进行镇压。县知事张修府组织水陆警察、商团，动员一切武装力量在全城布防，并要求军阀孙传芳派兵。但工人们在刘群先的率领下毫不畏惧，继续斗争，张修府无计可施，答应次日下午答复女工。22日晚，秦起、刘群先等召开罢工积极分子会议，总结了几天来的斗争经验，分析形势，决定为争取罢工全胜开展宣传，印发传单，组织游行。

5 月 23 日清晨，德兴、乾甡丝厂等数千名女工集队游行。她们手持纸旗，上书“请愿缩短工作时间”“要求增加工资”“生活苦难”等，从东门周山浜一带出发，沿途散发传单，这份传单中，无锡丝厂女工第一次发出了不愿当奴隶和争取人身自由的呐喊，呼吁各界声援。警察、商团用水龙、棍棒，甚至开枪对女工进行镇压，女工们没有被吓倒。她们在共产党的领导下，向全市各界印发《哀告书》，揭露资本家的残酷镇压和剥削行为，得到无锡各界的同情与支持。30 日，县府当局和资产阶级害怕工潮扩大而难以收拾，基本接受了女工们的四项条件。这次罢工坚持了 9

无锡总工会成立旧址——城中三皇街药王庙

天，终于取得全胜，不仅在无锡，而且声震沪宁，上海《申报》《新闻报》等每天都以重要版面报道和评论罢工消息。刘群先成为名扬一时的女工领袖。

1926 年底，刘群先被首选为中共申新纱厂党支部宣传委员，不久又担任了申新纱厂工人俱乐部（工会）副主任兼组织干事。申新俱乐部成立后，办的第一件大事就是解救在 6 月因“五卅惨案”后，响应上海工人运动提出的罢工倡议，在罢工游行中被捕的 12 名工人，被判刑 12 年，罪名是共产党。其实他们只是进步青年，根本不是共产党员，当时工厂还没有成立共产党组织。俱乐部出面和厂方谈判，要求荣德生出面保释他们出狱，不合作就罢工游行。由于申新厂有一万多名工人，如果上街游行，对政府威胁很大，厂方慑于工人的声势，

无锡总工会公开办公地——崇安寺大雄宝殿旧址

终于答应要求，12 名工人无罪释放回厂工作。斗争的胜利，大大提高了俱乐部在工人中的威信和社会地位，刘群先作为女工代表参加了谈判，在谈判中表现出来的才干也令女工们折服。

1927 年 1 月 4 日，无锡总工会秘密成立，这是无锡历史上第一个由共产党领导的工人阶级组织。当时的总工会是由印刷业、纱布业、缫丝业、面粉业、邮电业、转运、成衣、油厂、袜厂、人力车夫等 55 个工会联合组成，有 43 位委员，会员近 5 万人。工会主要领导成员都是共产党员，大家一致公推秦起为总工会委员长，张宗元为副委员长，刘群先当选为女工委员。

1927 年 2 月，无锡所有工厂的总工会都秘密成立了，他们计划给北伐军一个盛大欢迎。2 月底，由无锡总工会组织，各厂派代表 200 余人，在惠山茅蓬庙里召开秘密会议，刘群先也参加了会议。会上做出决议："如果总工会下令各厂以罢工方式欢迎北伐军，所有的工厂都得响应。"

3 月 16 日，由无锡县总工会组织的工人纠察队，分别到南门旗站、北门外皋桥等处，阻止军阀张宗昌的残部溃逃。3 月 20 日，北伐军进驻苏州，正值上海发动了第三次工人武装起义。消息传来，当晚，刘群先与总工会成员一起召开紧急秘密会议，各厂工人代表相继到达，会上决定从 3 月 21 日起，全县工人实行总同盟罢工，以声援北伐军的到来。参加这次总罢工的有 4 万多人。刘群先等还带领着一部分工人队伍到车站欢迎北伐军。当这次整齐的与众不同的队伍到达无锡车站时，守城的张宗昌部队以为是国民革命军的先头部队。他们惊慌失措，落荒而逃。工人们没费一枪一弹就占领了古老的无锡城。

北伐军进驻无锡后，3 月 22 日，在无锡火车站广场举行了以工人为主体的各界人士 10 万余人的军民联欢大会，刘群先以无比兴奋的心情参加了这次大会。会上，秦起根据总工会秘密时期第四次工代会代表会议决议案的精神，向北伐军提出了 15 条要求，其中包括释放政治犯，工人有言论、集会、出版自由之权；开除工人，应得到工会同意；等等。国民革命军第十四军军长赖世璜勉强接受了这些要求，但仍以“政治部尚未到锡，此时不能答复”为借口拖延。

无锡工会公开活动后，刘群先把主要精力集中在组建各厂工会和提高女工待遇上。3 月 21 日，丝厂总工会向资方提出改善待遇 14 条，刘群先以总工会代表身份与资方进行了谈判，经劳资双方协商，资方接受了女工所提的全部条件，工人生活初步得到改善。3 月 27 日，在刘群先的领导下，无锡丝厂总工会成立，宣布正式接受无锡总工会领导。

1927 年 4 月 12 日，蒋介石在上海发动了反革命政变后，秦起同志已经做好为革命牺牲的准备，他拍了许多相片，分发给他的许多朋友们，并给刘群先 12 张相片，说："每个革命者应该随时准备牺牲的。"

1927 年 4 月 14 日，无锡陷入血腥之中。国民党右派牵引 40 多名警察，勾结无锡商团游击队及一批地痞流氓与十四军狼狈联手 250 多名暴徒，于深夜 12 点，向无锡总工会总部发动猛烈枪弹袭击，秦起率领工人纠察队奋起反抗，终因寡不敌众，70 多人被捕，十多人惨遭杀害，秦起也被押至市

无锡工运桥

公安局秘密枪杀，无锡“四一四”反革命事件震撼爆发，刘群先因当晚不在总部幸免于难。无锡到处传着关于刘群先死亡的消息，亲戚们闻讯全都哭泣，并派人到无锡来打听真相。

秦起牺牲时只有 27 岁，刘群先听到这个消息后痛哭失声，悲痛万分。秦起不仅是她走上工运革命道路的领路人，也是她的入党介绍人。他的斗争经历，令工友们非常敬重。血腥屠杀并没有吓倒刘群先，她决心接过烈士们的旗帜，继续与国民党反动派进行坚决的斗争。不久，党内有人找到刘群先，接上了关系。刘群先把秦起的相片交给组织，叫他们分发到各个工厂去。所有的女工都在她们的头发上系上白线，用以哀悼秦起等共产党人之牺牲。

惊鸿女劳工　赴学莫斯科

1927 年 5 月，刘群先抵达上海。上海血雨腥风，白色恐怖。大批共产党员和工人群众惨遭逮捕杀戮，处刑的方法非常残酷，许多共产党人是“腰斩”，上海党组织全面转入地下。刘群先通过地下党一个秘密办事处，联络到上海党组织关系。几天后，党派她赴武汉，参加全国劳工代表大会。

1927 年 6 月，全国第四次劳动大会在武汉召开，因秦起同志已经牺牲，刘群先以代表身份出席了大会。到会 420 人，代表全国 280 万劳工会员。大会由李立三致开幕词，刘少奇做全国总工会会务报告。中共中央向大会发了贺信。大会的中心任务是动员和组织工人阶级，团结各阶层人民反抗帝国主义干涉和国民党反动派对革命的背叛，挽救革命。大会发表了宣言，揭露了帝国主义对中国革命的武装干涉政策，号召工人阶级同农民、小资产阶级结成坚强同盟，坚决反对蒋介石的叛变，继续深入开展革命斗争。

刘群先作为唯一的女工代表在大会发言，她向全体与会代表汇报了无锡纱厂女工与资本家斗争的情况，痛斥了国民党反动派破坏工人运动、杀害革命积极分子的滔天罪行。这次会议给刘群先很大的鼓舞，她深深感到全国的工人阶级和劳苦大众正在为自己的解放而团结斗争。女工和童工的悲苦命运将在整个工人阶级解放斗争中得到解决。大会选举苏兆征为委员长，李立三为秘书长，大会一致推举刘群先代表中国女工赴莫斯科参加世界劳工大会。会后，全国总工会组织部长李立三推荐、批准刘群先赴苏联东方大学学习。

刘群先在武汉只住了两个月，便返回上海。因刘群先从事工运身份暴露，成为反动派追捕对象。又因许多的共产党员被杀害，要跟党取得联系，万分困难。刘群先住在一家非常蹩脚的小旅馆里，等待赴苏联的行程。

1927 年，赴苏联参加世界第四次劳工大会的中国工人代表团共 20 人，分两批前往莫斯科，刘群先被安排在第一批。

1927 年 7 月中旬，刘群先从武汉出发经广州到香港，再从香港乘船到巴黎，再乘火车到莫斯科。10 月初，刘群先进入莫斯科东方大学学习。

刘群先一踏进苏联东方大学，看到良好的学习环境很振奋。宿舍 9 人一屋，虽然不宽敞，但条件要比国内好很多。大学里只有 40 名工人出身的学生，其余大多数人是学生出身。在这个学校里，他们首先接受短期的军事训练，然后是文化和理论学习。

1927 年 11 月 7 日，在莫斯科红场举行庆祝苏联十月革命大会上，刘群先代表中国工人阶级登上主席台，并代表中国工人阶级在苏联十月革命庆祝大会上发言。

12 月，组织决定让刘群先作为中国女工代表，参加在莫斯科举行的赤色职工国际第四届代表大会。中国代表团的团长是向忠发，与会的中国代表 20 人，全世界各国代表总共 1000 人。见到这么多来自世界各国的与会代表，共同交流劳工经验，刘群先心里万分激动。

大会刚刚开幕，国内传来广州起义失败的消息。1927 年 11 月 12 日，国民党广东政府张发奎所部三个师和驻守广州珠江南岸李福林的第五军一部，在英、美、日、法帝国主义的军舰和陆战队支援下，从东西南三面向起义军反扑。对未及时撤离的起义军官兵、工人赤卫队队员和拥护革命的群众，进行了血腥的镇压，起义主要领导人张太雷乘车督战，途中遭敌袭击阵亡。暴动中还有 100 位女性被杀，其中大半是女工，有的是尚未成年的女孩，惨遭杀害者达 5000 余人。噩耗传来，与会代表悲痛万分。

在中国工人代表团里，刘群先第一次遇到正在孙逸仙大学读书的博古，他在会场中担任通译。刘群先再一次代表中国女工在莫斯科世界劳工大会上发言，她清新白皙的瓜子脸一亮相，柔纱般的无锡话语，经博古通译的俄文，妙语连珠，字字生辉，大会反响热烈，异国同乡的绝佳聚首让这对年轻人一见如故。当时苏联第一个五年计划刚刚开始，国家将主要力量放在重工业方面，因此物价非常高，与会代表每天的餐费只有10卢布，因此有些代表感到生活比较艰苦，很不舒适。博古来苏联比刘群先早一年，对苏联情况有所了解，主动向刘群先说明这种情况的原因，又跟她讨论建立社会主义的困难。博古没有经历1927年“四一二”反革命大屠杀、家乡的“四一四”反革命大屠杀，所以对刘群先讲述的国内革命斗争极感兴趣，因此他们常常抽时间在一起。

劳工大会刚刚闭幕，孙逸仙夫人宋庆龄到了莫斯科，召开了一个讨论中国革命问题的会议，邀请刘群先出席。会上有许多外国人，讨论时大部分是用英语，刘群先就请俄文英文均通的博古给她当

宋庆龄在莫斯科

翻译。孙夫人美丽的姿容和流利精湛的英文演讲，令会场增色不少，当场就有一位苏维埃的艺术家给她画了一张肖像。刘群先非常敬重宋庆龄，因为她忠诚于孙中山先生的“天下为公”的奋斗理念、“民族、民权、民生”的三民主义抱负、“联俄、联共、扶助农工”的三大政策导向，忠诚于孙中山先生“鞠躬尽瘁，死而后已”的忘我精神和人格魅力。宋庆龄极擅讲谈，的确是一位中国第一流的女政治家，同时又是所有中国女性应当仿学的典范大家。

散会后，刘群先和博古同行回学校。一路上，刘群先向博古继续讲述了无锡纱厂工人同资本家的斗争和罢工情况；国共分裂后，国民党发动的“四一二”反革命政变，在上海、无锡疯狂屠杀共产党人的滔天罪行；劳苦女工水深火热的苦难生活。他们从国家革命谈到各自的身世，刘群先在介绍了自己

秦邦宪（少年时代）

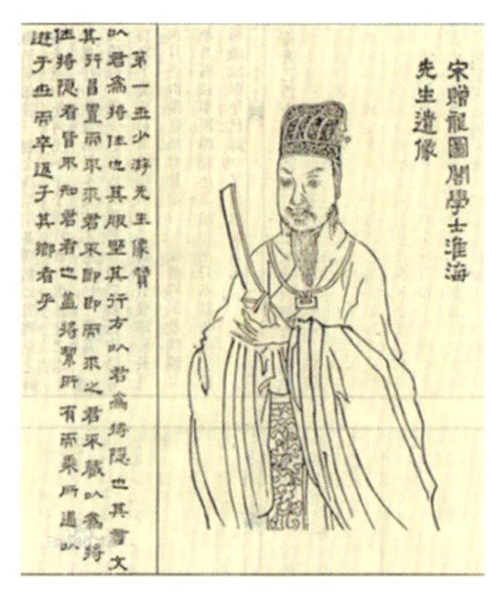

龙图阁学士秦观像

家族身世后，从博古的谈吐和介绍中，了解了博古的身世和经历。

秦邦宪，乳名长林，字则民，化名博古（俄语“上帝”的音译）。1907 年 6 月出于无锡一个书香世家，是北宋著名词人秦观的后人。秦邦宪家学渊博，对古文有一种特别的兴趣。从他懂事起，就常常爱翻阅家里堆放的旧书，后来他逐渐读起了《左传》《史记》等古典作品。秦邦宪是北宋著名词宗秦观的第三十二代孙。江南四大名园之一的“无锡寄畅园”，400 多年来一直是秦家祖业。秦邦宪父亲秦肇煌（1870—1916），字雨农，乃清末举人，清光绪年间，任浙江省候

无锡寄畅园

补县丞（相当于副县长）。曾任温州府地方审判厅刑事庭长，鄞县、长兴县统捐局长等职。1916 年返乡养病，因其祖屋早年已经卖掉，便租用秦琢如宅院西侧第四进“慎德堂”三间老屋。当年 12 月，秦肇煌在此屋中去世。自 1916 年至 1921 年间，秦邦宪与母亲及弟弟、妹妹在此度过了苦涩的童年时光。

作为宋代大文豪秦观的后嗣，秦邦宪骨子里似乎天生就有一股灵气和睿智。从小才思敏捷，勤奋好学，尤其喜爱国文。先从学于父亲请的私塾先生，父亲去世后，在他大姑丈许国凤书房读四书五经 2 年，之后入省立三师附小 3 年，1921 年 7 月毕业后，就读于苏州工业专科学校。当时正值军阀混战，国难当头，少年秦邦宪非常关心国家大事，经常参加学校师生组织的爱国活动。17 岁时参加由上海大学生组织的中国孤星社，开始了为民族独立、反帝、反封建的新生活而奋斗。在校期间积极参加学生爱国运动，主编《无锡评论》。

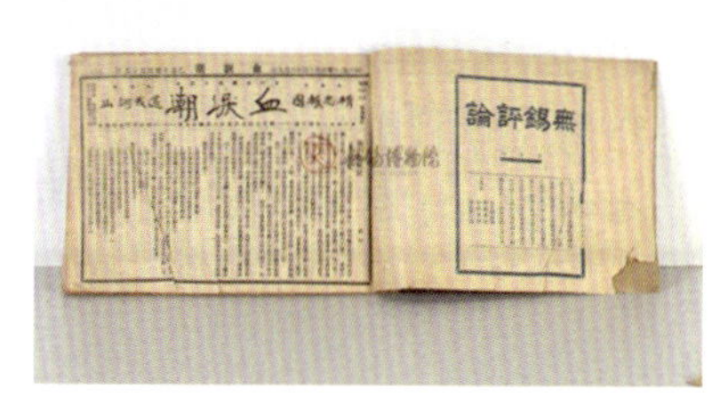

爱国刊物《无锡评论》

1925 年上海发生

了“五卅”惨案。18 岁的博古，是苏州学联主席，得知这个消息后，他率先在学校组织全校学生召开声讨大会，并带领 20 多个学校 3000 多名学生上街示威游行。他当时正患肺病，在登台讲演时，口吐鲜血，周围同学很受感动，劝他休息，他说：“国之将亡，焉顾我身，宁愿生为中华人，死为中华魂!”后来，他在《血泪潮》刊物上属名邦宪，发表了《病榻琐记》，刘群先曾在无锡工人夜校读过此文。

1925 年 9 月，博古考入上海大学社会科学系，进入上海大学学习后，经常聆听瞿秋白等革命家讲授马列主义，1925 年 11 月，经由上海学联主要负责人高尔柏、

瞿秋白

顾谷宜

上海交大学生领导者之一的顾谷宜介绍加入中国共产党，从而投身于中国无产阶级的革命事业。1926 年 9 月，奉命赴莫斯科中山大学学习，目睹和亲自感受了苏联十月革命的伟大成果。

莫斯科中山大学旧迹

莫斯科中山大学是一所专门帮助中国训练革命干部的学校。学校开设有马克思主义哲学、政治经济学、科学共产主义、军事学、俄国革命和东西方革命运动史等课程，对于只掌握少量传统的中国哲学、对西方哲学尤其是马克思主义辩证法知之甚少的中国留学生来说，犹如进了知识的王国。博古踌躇满志，决心努力学习至精通马列主义，以挽救中华民族，推动世界无产者联合起来，为创造一个新世界而奋斗！

两人灵犀相通，大美凝固，聊得热火朝天。彼此征途的风风雨雨，坎坎坷坷，留驻于两人心中的是真善美。无所谓红花，无所谓绿叶，同舟共济，共赴国殇。分手时，博古送给母亲刘群先一首由他亲自书写的俄国诗人普希金的俄文诗：

> 你的名字走遍我心灵的每一个角落，
> 已成为我心中的歌。
> 但愿我的名字也能照亮你的山河！
> 在你悲哀的时分，
> 寂静中请把我的名字轻吟，
> 说一声吧：在这个世上有一个对我的记忆，
> 在这人间有一颗我活在其中的心！

博古、刘群先夫妇合影

普希金的诗句就是他们此刻的心萌。诗，拓展了两颗年轻人的内质，汇聚了他们的情愫、他们的赤血、他们的智慧。相约在今后所有的日子里，他们会记住一切，叙述一切，慰藉一切。博古用他犀利酷阔独具的目光、卓识深邃锋芒的胸怀浇灌破晓了刘群先苦难求索之步旅，在刘群先的心中升起一面希冀的旗帜，牵引着她的走向，为创建明美阳光的新世界而奋斗。

多少年后，刘群先始终记忆着初识博古的印象：他只要发音，便伴有笑声，很幽深，又很淡远。他的笑声因年轻卓越而变得亲切平易，因深沉完美而变得单纯自由。莫斯科劳工大会一经相遇，两颗心就紧紧地吸引在一起，埋下了他们独守一世的诺言。

1928 年，东方大学与中山大学合并，刘群先随中国班一起转入了中山大学，与博古在同一学校读书，从而更增进了他们之间爱的感情。5 月，刘群先与博古在莫斯科结为革命伴侣。博古送给爱妻一条裙子和一双皮鞋，刘群先双手捧着这散发着莫斯科气息的礼物，体会着有生以来第一次穿裙子和皮鞋的心灵感受，久久地品味着革命伴侣深爱的温暖和幸福，爱的暖流滋润着群先深爱的心。

刘群先在苏联期间，曾经多次到各工厂参观，学习异国的工运经验，并在苏维埃工人中做中国革命的宣传，要求他们援助。他们全都十分同情中国的劳工，连小孩们看见我母亲访问他们时，也高呼“中国革命万岁”的口号。他们这种来自遥远国度的情结，犹如异乡听雨，感动得说不出话来。

刘群先对于苏联工人的第一印象是，认为他们非常优秀。他们对于一切最好的可能的生产方法，都非常关心，而他们对于国际事件的见识也很丰富，时常把许多关于中国革命的重大问题提出来问刘群先。

在一个小学校里，刘群先见到一群小孩子们正在讨论着资本主义社会的严重矛盾，这使她非常惊讶。在另一个地方，她看见800多个孤儿在一个学校里，得到很好的照顾，有好些孩子甚至在学习音乐。参观完了这所学校，她不禁流下眼泪，她想起了她的幼年和中国无数的孤儿，他们不但没有地方安身，甚至连饭也吃不上。

刘群先初到苏联时，生活和饮食条件也是很恶劣的。但是到了要离开的时候，已经很好了。不管当年的情形如何艰苦，所有苏联人都是热情和快乐的，不像我们有些中国人经常抱怨。后来她才悟到要是我们中国的革命成功，即使生活艰苦一些，我们也同样是骄傲和快乐的。

经过在苏联的学习、参观，联想起自己的国家在现阶段那漫长发展的革命历史时，认清了中国要达到苏联这样的地步，必须经过同样的漫长过程。无锡工人却以为“三年”便可以完成，这是多么幼稚的想法。“革命尚未成功，同志仍须努力。”刘群先想到了孙中山的教诲。当时苏联的新经济政策阶段刚刚过去，新的资产阶级正待肃清，而集体主义则已开始，因客观情势没有得到很好的调整，生活情况非常艰苦。富农到处烧毁贫农的房子，而保守的农民，总以为他们的田地和牲畜比别人好得多，因为痛恨集体农场，老想退出。但政府把比较进步的农民组成集体农场，给他们以好的机械，结果收获比旧法好得多。就这样把旧的生产方式克服提升了过来。苏联革命后，首先是分配土地，其次才成立集体农庄。我们中国的苏维埃现在还在第一个阶段里。

中国共产党第六次全国代表大会于 1928 年 6 月 18 日至 7 月 11 日在苏联莫斯科近郊兹维尼果罗德镇的塞列布若耶乡间别墅召

莫斯科近郊中共六大会议会址

开。出席这次大会的各地代表有 142 人（其中有表决权者 84 人），代表全国党员 4 万多人。共产国际负责人布哈林和国际东方部负责人米夫也参加了大会。此外，参加开幕大会的还有少共国际、赤色职工国际的代表以及意大利、苏联等国共产党的代表。

由于当时严重的白色恐怖，在国内召开这样的大会是有困难的。因此，在共产国际的帮助下，大会在莫斯科秘密召开。刘群先与秦邦宪共同出席了在莫斯科召开的中国共产党第六次全国代表大会。

从 1927 年到 1930 年，刘群先一直住在莫斯科。除在中山大学上正课（只有一年）外，还在一个同志那里补习中文。

1928 年到 1929 年，中山大学的学生间有着很激烈的斗争，即所谓“托派”和“斯大林派”的斗争。刘群先因正有身孕，身体不适，有空就为宝宝降生做准备，所以基本不参加他们的争斗。1930 年春天，母亲刘群先在莫斯科生下一个胖小子。因学校已经解散，博古决定尽快回国。根据中共中央的要求，在共产国际的安排下，刘群先和博古于 1930 年 4 月回国，乘火车经西伯利亚到海参崴，再坐客货轮经日本海峡到达上海。

洪荒上海滩　苏区立英姿

1930 年 5 月，刘群先和博古从莫斯科回到上海。因为要立即投入工作，商量后决定将儿子交由奶奶带，奶奶给孙子取名“阿土”，因为他长得特像无锡的泥阿福（用惠山泥捏的塑像）。

刘群先回上海后，根据当时党中央的精神，领导工人在上海一家丝厂举行了一次大罢工。当时黄色工会的力量也很强大，他们取得合法的地位，并且有很多的钱可以收买那些落后的工人分子。一到工人与资本家斗争，黄色工会的领袖便出来调解，工人们虽不喜欢这种解决事端的办法，但都以为除此之外，再没有别的方法的。刘群先千方百计做工作，把绝大部分工人争取到红色工会一边，她组织宣讲团结就是力量，号召工人拧成一股绳，握成一个拳头，不断揭露黄色工会的阴谋和损坏工人利益的行为，把黄色工会搞臭。她一再要求各厂的共产党支部都必须督促每个共产党员、工会会员和积极分子，融入本厂的工人群众中，和工人交朋友，真正成为群众的贴心人。

李立三

刘群先从莫斯科回到上海后，瞿秋白找她谈话，要她出任全国总工会书记。过去这一职务一直是由李立三担任。刘群先十分清楚：“五卅运动”时，李立三是上海总工会委员长，是身先士卒的领导者。武汉时期的1926年到1927年，李立三是全国总工会负责人，全国工运大潮风起云涌。直至1930年李立三离开，赴苏联学习，全国总工会书记一职空缺，正好刘群先回国。瞿秋白找刘群先谈话，考虑到共产国际强调领导班子成员中要增加工人成分，刘群先是女工领袖又在苏联留过学，提高了理论水平，认为她是全国总工会书记的最好人选，要她出任此职位。作为一名共产党员对组织安排的工作本应服从，但刘群先认为自己能力水平和革命经验，不足以承担和胜任这样的重任，要求做些具体工作，为此还受到了周恩来的严厉批评。最后调任她为中华全国总工会执行委员，负责上海地区工厂的工人运动。刘群先满腔热情地投入了这一新的工作和战斗。

在白色恐怖的上海，亲临第一线，组织带领红色工会为工人的利益与黄色工会抗衡。

1931 年 4 月 24 日，掌握中央大量核心机密的中央政治局候补委员顾顺章在武汉被捕后立即叛变。紧接着 1931 年 6 月 22 日中共中央总书记向忠发被顾顺章出卖在上海被捕，6 月 24 日即被国民党处决。鉴于上海的白色恐怖，1933 年 1 月 1 日，共产国际同意将上海临时中央政治局迁入中央苏区。他们一行于 1 月 19 日到达瑞金。

刘群先因怀孕不能同行，1933 年 5 月，在上海生下一个女儿，取名摩亚，俄语五月之意。母亲她也要穿越国民党的重重封锁去苏区工作，只好将刚满月的孩子托付给姐姐刘素芝，带回无锡老家照看。从此，大姐再也没有见到自己的亲生母亲。

1933 年 7 月，因为上海的情形非常恶劣，刘群先动身前往苏区。经由汕头，进入福建苏区，然后再到江西。由福建进入江西苏区的路非常难行和危险，刘群先只带几个随身的卫士，顺利进入苏区，其兴奋和快乐，是无法形容的。

刘群先一到苏区，就向分管工会的项英副主席报

项 英

到。谈到上海的白色恐怖，项英由衷地感慨：你们“是尾大不掉”。随后安排刘群先到总工会负责女工运动。中央苏区总工会有 30 万男会员，1 万多女会员。女工们从早到晚在工厂做工，非常忙碌。苏区当时没有大工厂，都是小工厂，所以搞活动都是在晚上。刘群先就把工会活动的重点放在对党的认识的教育上，学习共产党宣言和党章，学习党的先进人物和事迹，学习共产国际运动。经过学习，工人们对党的事业有了新的认识，不少女工积极要求加入中国共产党，从而使党的队伍有了很快的发展。在项英的支持下，刘群先工作非常开心，她把工会活动和妇联的活动紧密结合，工会活动开展得有声有色，多次受到项英同志的表扬。

中央苏区女工的丈夫或儿子多半是红军，所以搞好军民关系十分重要。女工们工作之余，刘群先就组织她们给红军将士纳鞋底、做鞋子、缝衣裳、缝棉袄。很多时候工会的宣传活动、读报讲课等都是边做活边进行

的。她们为红军服务，为战争效力，使得苏区的军民团结如同一家人。为了提高

江西苏区旧貌

文化水平，刘群先组织女工上夜校，学校的教师也是女同志。农田里干活的劳动力几乎全都是妇女、老人和孩子。街上商贩也多半是女人。她们还参加挖战壕、建堡垒、修筑交通要道等战备工作，干得都很出色。事实上，中央苏区后方工作，几乎都是妇女和孩子们担负的，所以项英同志说："在这里妇女真正是顶半边天，妇联和工会妇女都功不可没。"当党和政府下达"扩红"任务后，工会在工人中动员，很快就在工会会员中掀起了一股踊跃报名参军的热潮，有几千名会员被批准参军。

苏区的革命活动使刘群先万分激动。而最让她感动的是看到全体游击队员，在夕阳西下，开始出发夜袭之前聚集山上，高唱革命歌曲的时候，她最盼望能看到的，就是中国民众手执枪械，浩浩荡荡地出发为自由而

战的那种威武景象。

在苏区里，地方政府从事经济建设，非常忙碌。苏区里每一个普通农民或是小孩，都懂得革命的理论，这一点使刘群先非常惊讶，常常觉得自己非常落伍！在总工会里，1 万个女工和 30 万个男工，每个人从早到晚，都非常忙碌。女工中的革命活动是非常积极的，苏区所有工厂都开展“供给红军士兵足够衣服”的劳动竞赛。每天她们分出时间来给红军的士兵们制作鞋子和衣服。而那些来自城市的女工，她们的丈夫除了年岁大的，差不多全部加入了红军，在前线作战。苏区对待兵士的态度，跟中国别的地方完全不同。那些到前线作战的人，非常受人尊敬，而他们的家庭亦因他们的英勇行为而感到快乐光荣。每一个工人不管是在前方或是后方，都觉得他们是在为革命而战，而农民们都分得土地，农民们只留下足够的食粮，把剩下的一切生产品送给红军。党员们到老百姓家里，时常得到很好的款待，被邀请到那里吃饭睡觉，因为都晓得这是打白军的队伍。

刘群先以前不骑马，到了苏区，为工作方便，也学会了骑马。跨上马背，她感觉心里非常快乐，不但一点儿也不害怕，反而喜欢驰骋。长征开始前，刘群先动员了约 20% 的总工会男女会员，包括天足的妇女会员，组成赤卫队，在后方做补养供给、看护伤员等工作，并进行严格的军事训练。同时举行扩充红军兵役的运动，结果有 6000 人参军。刘群先又组织赤卫队员培训，每一县都设有赤卫队，18 岁以上的女性一律参加，18 岁以下的女孩则加入少年义勇团，所有女赤卫队员则在后方工作，如抢救和看护伤兵、补充给养等。短期内锻炼出一批有觉悟、有能力的女工干部和积极分子，为以后的妇女运动和妇女工作奠定了基础。在长征开始前，红军和赤卫队跟白军发生过极猛烈的战斗，赤卫队的战士在前线不怕牺牲，作战英勇，做出表率。

1934 年 1 月 24 日，苏维埃共和国第二次全国代表大会召开了，大会选出中央执行委员 175 人，其中妇女代表 11 人，刘群先便是其中之一。

长征女队长　本色是干将

长征前夕，刘群先有孕在身，那一天夜里，当刘群先正睡觉的时候，有一条蜈蚣在她头上咬了一口，她怕蜈蚣又会跑回来，因此睡不着觉。第二天便发起了高烧，病得很厉害。结果小产了，不得不休息一个月，而这正是长征快开始的时候。

1934 年 10 月 5 日，罗迈（李维汉）对刘群先说："中央决定红军大转移离开赣南，有 30 名女干部要编成一个连随军转移，由你领队同政治部的队伍一起走。" 30 名女干部是：刘群先、刘英、贺子珍、邓颖超、蔡畅、李坚真、李伯钊、金维映、康克清、危拱之、危秀英、陈慧清、钱希均、周月华、吴仲莲、谢小眉、李建华、丘一涵、廖月华、吴胡莲、王乾元、钟玉林、李彩香、李小红、郑玉、杨厚增、何香、廖姒光、韩世英、邓六金。

第二天李维汉又来传达，对刘群先说：女干部编入红章纵队里和工作人员一同走。这个纵队全是党、政、军机关和政府所属单位的干部，还有随军雇用的 5000 名挑夫，搬运这些单位的各种家当和机械设备。1934 年 10 月 14 日，中共中央与中央红军 81859 人，加上挑夫为 86859 人，离开瑞金，突破敌人前三道封锁线，开始在中央红军打开的通道上向西捷行，从此踏上了长征路。

刘群先跟随大部队离开，开始行军速度很快，女同志跟得非常辛苦，她们双脚酸痛，很多人脚上磨出大泡，每天晚上宿营都得用热水泡脚。有许多女战士行走速度减慢，渐渐落伍跟不上大部队，引起一些男同志的担心，怕她们跟不上大部队。有部分女同志，配备马匹和警卫员，所以起程前把分配的粮食和衣物一起交由警卫员保管或驮在马背上，后来又改变为编入纵队一同行进，这样她们便放弃了警卫员随行的待遇，警卫员也编入了大队中，但相距较远。30 位女干部全都和大家一起步行。再一个问题是吃饭问题：有几个女干部的米袋子在警卫员那里，分开时警卫员爱护干部坚持替她们背着，到宿营地再把米送回来。但在实际行军中，米送不过来。怎么办？刘群先最大的优点是能吃苦，经过这一段时间磨炼后，刘群先很快就调整适应过来，能够步履从容，边行军边工作，她常常替女队友背行装、背枪，鼓动她们的情绪不掉队，跟上队伍。

出了江西后，部队在城口休整一天，刘群先找周恩来提出还是把纵队里的 30 名女同志集中起来，单独成立一个妇女队，以便于照顾。周恩来立刻同意她的建议，任命她当队长，金维映（李维汉夫人）任指导员，统一归军委政治部领导，并配备了马匹。周恩来要求女同志能够自己照顾自己，在行军中搞宣传，讲党的政

金维映

策，鼓舞士气，谈目前形势等，告诉部队必须保持良好的军纪，给所经各地的民众留下红军队伍的良好印象。刘群先将 30 名女同志集中后，传达了总部要求：红军绝对禁止拿用老百姓的财物，如有借用，用毕必须归还，发生丢失或破损必须全额赔偿。在借宿之后，要把物品放回原地，扫净房间。如有违反定要受到严厉处罚。关于没收地主的财物和粮食问题，任何个人不准私自接受或取用，一律经由军、师一级领导部门分配上缴。粮食首先要保证军用和本单位食用。女大队分开后，遇到的主要问题有：一是加快行军速度；二是要解决吃饭问题。为了加快行军速度，刘群先把 30 位女同志和几个老年人的身体做了对比，把总部配备下拨的 7 匹马拿出 5 匹，给身体病弱的同志骑和驮炊具，另 2 匹马给 4 名孕妇轮换着骑，在行军中个别同志实在累了也和体弱同志换骑一阵，这样行军速度有了很大提高。

刘群先当队长，便把30位女同志由妇女队统一照料。刘群先是军事委员会辖下的工作人员，担负女队长等多种工作；在红军休息的时候做演讲和其他的教育工作；调查地主和他们的财产，并协助土地与财物的分配。红军绝对禁止拿用老百姓的财物，如有借用，用后必须全部奉还；不管行军如何匆忙，红军士兵在借用老百姓门板睡觉之后，每天清早起身后，都必须小心将门安好，并扫净借用的房间，如有违反，就要受到严厉的处罚。政治部还负责调查当地的地主，并判明善恶。每当她们开始侦察时，地主便全都逃光。据刘群先所知，红军本身在长征中从没有杀过一个地主。名声好一点的地主又时常主动让出东西来，因此他们也没有被杀。在红军还没有到达一个地方之前，地主们时常散播谣言，说共产党要杀尽所有的人，抢夺一切财产，并且强迫所有的人跟着他们逃跑。因此，当红军初到一个地方，当地的人非常稀少，但经过了三四天的宣传之后，大批的人就返回来了。不论任何人，都不准私人直接取用地主的东西，没收来的财物，都要经政府机关分配。除保存足够的军用粮食之外，还要把没收来的东西，散发给沿路的人民，他们都很欢迎红军，有许多人想参加红军，但部队还不能要更多的人参加，因为长征是危险而艰苦的。

李伯钊

李伯钊（杨尚昆夫人）是前线戏剧队的领队，因为职务上的关系，刘群先和她在一起生活工作。在还没有与大部队红军分开以前，女同志老是吃不饱。现在，她们的粮食却很充足。李伯钊走在队伍的前头安排食物，其他一切的事情都由刘群先负担，有时她们两人一道，去找寻应予没收财产的地主。这支妇女队只成立了一个月，没有一个掉队和倒下。到达贵州的遵义之后，妇女队便解散，各人分别在红军中从事看护或做政治工作。自此之后，两性之间再没有麻烦，大家一起过着同样的生活。在长征中，所有的女同志全不跟她们的丈夫住在一起，而是各自从事独立的工作。30位女同志没有一个人在路上掉队和死去。

到了遵义，刘群先被安排在总政治部搞工运。当地有许多木匠、泥水匠和丝厂、火柴厂的工人，刘群先便帮着把他们组织起来，保证在部队未离开之前，把丝厂工人的工钱提高。直到部队离开了遵义，这些工人主动成立了三支游击队，组织起来保卫自己，连妇女们也参加。遵义是贵州的第二大城，比贵阳还要现代化些，遵义地主也多。记得有一次，刘群先和李伯钊去调查一个普通地主的资产，他们全家都已逃光，女队员便住在他的家里。他家有着几百个南瓜、两千斤鸦片，还有许多东西藏在墙壁里头，但现钱却没有找到。刘群先和李伯钊两个人，从早到晚一直在这屋子里清点这些物品，其中有 40 箱物品，她们随后分发给当地的民众。城里发现还有大量的食盐存货，食盐一向是由官府专卖的，她们把它全数没收，并用很低的价钱卖给老百姓。

当部队进入像遵义这样的城市时，为解决急需，便向当地百姓购买了一些必备的物品，并以苏维埃纸币偿付。到了要离开的时候，便用由地主或官署处没收来的东西做交换，把部队的纸币收回。穷人们对这办法非常喜欢，所以，每个城市里都有几百个人要求加入红军。而在部队离开之前，便帮助他们在当地组织了游击队。

在遵义，部队只停留了 10 天。由于敌强我弱，红军只能机动灵活地避开敌人的追击，多亏了军委二局王铮、刘寅及一科科长曹祥仁，他们破译了敌人的密电码，掌握了敌人的行军动向和路线、出发时间等。于是，出现了红军四渡赤水、三进遵义，甩掉尾追的敌军。我们一离开，国民党的军队就入城了。他们拘捕和毒打被我们红军组织的工人，有几个竟被处决，但大部分的人却在白军未来之前就躲避了。这地方的游击队非常勇敢活跃，时常攻袭白军，使他们遭到了很大的损失。

不久之后，红军又回到遵义，但所有的工人领袖已提前做好了隐蔽工作。城里的人因为害怕红军离开后白色恐怖又将重演，所以大都逃跑了。第二次只住了几天，国民党的飞机每天在天上出现，并用机枪向城里扫射。当大队开拔到了 80 里外一个叫作白拉口的地方时，部队又被阻，又重回遵义来。这回只逗留了一天，隔天晚上又再度出发。在这一天两晚，一共走了 240 里路。直到最后一次到了白拉口，红军的先锋部队在大队的前头鏖战，而后续部队不得不从镇上直杀过去。

部队过雪山时，天气非常寒冷和多变。有时候太阳明亮而且温和，但骤然间狂风突发，带来了暴烈的雨雪，她们就像草原雄鹰穿梭在这种雨雪风暴之中。10

分钟后，风雨又骤然收霁。中午 12 点钟之后，没有一个人能在山上行动，只有在早上 9 点到 12 点这段时间内才有可能。一个身体弱的人，在这种情形下，他实在很难活下去。有许多小孩在这些蒙雪的高山上给寒气冻死了。在查河附近有一座高山，从山脚至山顶只有五里，但结果有许多人，却无法走完这短程的山路就冻死了。山上的气候非常寒冷，必须迅速越过山巅，朝山坡疾趋下去。她们首先过山，队伍里有 90 个人在这悲惨的山上死去。看到这种景象，刘群先心里非常悲伤，不禁为之痛哭。在她们之中，没有一个人晓得她自己明天究竟是死是活，她们没有工夫去计算每天有多少人死去。

长征中最艰苦的是过草地。草地一望无际，冬天寒风凛冽。因为地势极高，非常寒冷，全军只有单衣，这是非常危险的。在这里死去的人数比其他地方要多得多。战士们没有棉衣，只好把所有的单衣全部穿在身上，穿着四套单衣根本没用，仍然冻得发抖，能找到一条破麻袋、一条破棉被披在身上就让人羡慕不已。刘群先把所有的衣服，一件一件全部穿上，外面又裹着破毯子，还是冻得全身冰凉发抖。在这里死去的人很多，多数是在大雨中冻死的。松潘草地雨水多，几乎每天下雨，在草地上行走，裤腿基本没有干的，身上又没有挡雨的遮盖，一下雨自然全身都湿透了。刘群先披的破毯子也全湿了，晚上宿营也很难生火，拾回来的柴草也是湿的，即便点着了，也是冒着一股白烟没有明火，根本无法取暖，衣服也烤不干，毯子只能半湿半干地盖在身上。

部队横越大草地时，食物只有青草。没有盐，没有油，成天吃青草还感到肚饿，不过当时有青草吃已经是蛮好的了，这些草煮起来味道还不错。想采集到鲜嫩的青草也是要冒很大危险的。蔡畅身体弱，刘群先分食物时总是尽可能多给她一点嫩草。刘群先曾经和蔡畅为食物问题讨论过。刘群先因为身体好，喜欢多吃，但蔡畅却要她尽量少吃，有时也吃生麦子，许多的人就因为多食了青草生起病来。蔡畅身体一向是柔弱的，所以在长征中老是生病，她怕群先吃青草多了会生病，故劝群先悠着点。

大草原里让人最害怕的是沼泽，一不小心就会跌进泥沼里，越挣扎沉得越快。刘群先时常看见一个个强壮的人，偶一不慎跌进泥沼里之后，就顿时陷没不见。连施救的人也一同被吞没了，在这地方，死神是在四处窥视着队伍的。但红军英勇的士气仍然很高，而在这困难的环境下，革命同志之间的关系更加融洽密切。也就是因为这一点，使她们在精神上破除了万难。

长征中许多特殊的遭遇，刘群先已经记不很清了，只有几个重要的地方还记得住，特别危险的事情就是她的马跌下山崖，活活摔死，她却安然无恙。

在长征路上，刘群先主要是沿途做农民和工人群众的工作。每逢她们到了一个新地方，政治部的工作人员便视察士兵是否遵守纪律，并调查受伤的和损失的兵员人数。如果士兵不守军纪，便受军法的制裁，党员则开除其党籍，结果军纪非常良好。所有的老百姓都喜欢她们，整个长征变成了一个惊人的宣传巡行。

部队花了 5 天才越过大草原，有几个队却用了十多天工夫。许多人在这时候生起病来，有些冻伤。每个人的脸部都瘦削无人色，但他们的意志却是始终坚强。刘群先队伍里的那个小鬼，就在走过大草地，翻上某个高山时死去，他只有 11 岁，由江西随军出发，在队伍里做看护工作。

一过大草原，情形就好很多。刘群先认为在长征中最快活的一天，是她们到达苗人区域的阿西。在长途跋涉、经历极度的饥饿之后，刘群先竟看到了牛肉和牛油！每个人都分到牛肉，那是一次难忘的饱餐。

长征途中有几次遭到马匪袭击，都被先头部队击退。有一次战斗打得正酣，刘群先看到一个匪徒连人带马都倒下了，随即带上警卫员一个箭步冲上去，为的是割马肉煮给病号吃。与刘群先一起参加长征的刘英回忆说："长征中，刘群先是工人出身的工人运动领袖，很能吃苦，是个很能干的同志。"

陕甘再布道　延安呈新功

1935 年 11 月 10 日，母亲刘群先随中央机关一起到达陕北苏维埃政府所在地瓦窑堡，受到陕北人民群众的热烈欢迎。"天下堡，瓦窑堡"，曾经是元明清三代边塞要冲的瓦窑堡，老乡们用最传统、最热烈的秧歌、高跷、漫天飞舞的红飘带欢迎红军。见了红军可稀罕了，有的都抱起来了，人民群众欢迎，送草鞋送粮。当时瓦窑堡成了中华苏维埃共和国红都，中央政府西北办事处所在地，也因此成了中央红军在陕北的第一个落脚点。之后，中央红军迁驻保安（今志丹县），三大主力终于胜利会师。1936 年 6 月，中央将志丹县确立为中华苏维埃共和国第二个红都。

刘群先虽然在长征中备受艰辛，身体健康受到很大影响，但是到达了陕北，她的心情非常好。她为终于摆脱了敌人的围追堵截，胜利地冲破敌人的重重包围圈，在陕北这块黄土高原上站稳脚跟而高兴。她相信这一切困难都会逐渐克服，胜利的曙光已在前头。

陕北原计划一个月捐粮 770 担，但不到一个月的时间，群众总共已捐献粮食 970 担，合计 290 万斤。而根据瓦窑堡县志记载：1935 年一年有 4 万人口的瓦窑堡，粮食总产量约为 1200 万斤。陕北百姓把一年收成的四分之一都捐给了中央红军。不仅有捐粮队，老乡们还组织了缝衣做鞋队，截至 1936 年 3 月，陕北群众做军鞋 8486 双，袜子 553 双，延川县在 4 天内赶制了 3000 套军服，送给了红军战士。中央红军第二天衣服全换了，新新的。在那之后进行的东征和西征过程中，陕北老乡更是倾囊而出，拿出来年播种的种子和耕地的牛羊送给红军战士作为战斗给养。陕北人民送给红军的不仅仅是衣服、粮食和鞋，他们是在把家都给了这支他们真心信服的队伍，敞开胸怀接纳了中央红军。

1936 年 1 月，全区工人代表大会召开，选举刘群先为全国总工会组织部长兼矿坑及工厂工会主任。当时边区没有大的工业和矿井，主要是手工业和几个小煤矿（坑），几个小纺织厂，还有印刷厂、铁工厂等，但是这些手工业却担负着支援战争后勤工作的重大任务。

刘群先领导的矿坑及工厂工会在边区影响很大。工人都是通过工会录用，厂方不能直接招工，而且不征得工会同意，厂方也不能随意解雇工人。工会下设工人工资委员会，委员从工人中选举产生，工资由该委员会决定，根据实现的利润和产量、质量来增减工人的工资，每个人应得多少完全由工人自己来决定，大家对刘群先提出的这套管理办法很满意。委员必须办事公正，否则工人们随时会投反对票将你撤换。刘群先还特别重视提高女工的地位，女工的政治地位和男工一样，部门的负责人、管理人员、党的工作者，以至领导都是妇女。女工写墙报、写短语、讨论时局，不比男工差。工厂的生产计划几乎月月都能提前完成。

当时，有人提出在织布机上搞改装来提高工效，刘群先仔细地听取改装意见后，立即同意，并亲自批了一台织布机停产做实验，还批了一些棉条。这在当时是非常令人震惊的。因为延安的纺织设备奇缺，大多数是些老掉牙的机器。在国民党的包围封锁下，边区政府想买新的都买不到；至于棉花则更缺，边区只有关中地区有少量产出，主要来源要靠其他抗日根据地把棉花运进来，要通过多道日寇的封锁线，困难之大可想而知。但是为了改革，刘群先却敢于承担责任，支持占用机器，损耗一些棉花。刘群先亲自参加改革，与工人们夜以继日、克服困难、勇于试验，结果大获成功！工厂成立了一个小组，把67台纺织机全部改装，工效明显提高，提前并超额完成当年的军服和手套的生产任务。

1936年1月，在陕北召开了陕甘省妇女代表大会。大会动员广大妇女参加革命战争，粉碎敌人的“围剿”，巩固发展苏区。同时，还颁布了《妇女大会组织大纲》。刘群先依据大会的要求，在妇女特别是女工中做了大量宣传工作。组织让刘群先负责女工的工作和组织合作社。1936年2月，陕甘省总工会正式成立，刘群先在总工会的领导下，着手按县、区建立各级工会组织，积极组织工人恢复和发展生产，组织部分工人参加红军队伍，对困难和失业工人进行救济，进一步改善工人的生活待遇。同时，教育广大工人，要用新的劳动态度来对待自己目前所从事的工作，因为今天不是为资本家而工作，而是在工人阶级自己的工厂，为革命战争和工人阶级的根本利益而工作。刘群先是一个热情饱满、诚恳实在而有宣传鼓动能力的人，她在工人中进行工作，十分认真，她的讲话深得工人们的欢迎。

康克清

1936 年 12 月底，党中央迁往延安。在前往延安的路上，1937 年 1 月初的一天，寒风凛冽，刘群先怀着 9 个多月的身孕，在中央红军由保安奔赴延安的行军路上，一路颠簸，临产了。苍茫沟壑，前不见村，后不着店，当时队伍上的官兵们都叫这婴儿“路生”。康克清亲切地安抚我母亲刘群先说：“路生这娃子，是延安第一娃。”孩子出生 20 天后，母亲刘群先将“路生”——乳名阿福的小秦钢，送至延安县李渠乡阳山村村民曹治旺家，由其媳妇 17 岁的白存英哺乳喂养 7 年，直至 1944 年 9 月，送秦钢入延安抗日小学。《续西行漫记》

美国女作家尼姆·威尔斯（斯诺夫人）在秦钢未满周岁时给他拍摄过照片，说："这是我见过的最好看的中国孩子。"

尼姆·威尔斯（斯诺夫人）

1937 年 1 月 13 日，陕北冰天雪地，延河尚未解冻，坚冰寒川，一片苍茫。然而，延安城此时却张灯结彩，锣鼓喧天，一片喜庆。成千上万的人们挤在道路两旁迎接一支入城的队伍。中共中央和红军总部再由保安进驻延安城。

从此，延安成为中国人民革命斗争的指导中心和总后方。相比吴起镇、瓦窑堡、保安，延安有许多的不同，它历来就是我国西北地区的边陲重镇。董翳被项羽封为翟王，立翟国，便建都于此。后来经过历朝历代的修建。中共中央搬迁至此时，延安已是陕北一个可称得上漂亮的城市了。

延安，又是一颗人文荟萃、风景优美的塞上明珠。文物景观十分丰富，"三山环抱，二水带围"。延河及其支流将延安城分割为三处。清凉山、凤凰山、宝塔山（嘉岭山）雄峙河边，俯视古城。范仲淹、杨文广、沈括、李延寿等文人名士在此留下了大量的手迹和文物遗迹。

延安清凉山旧迹

一到延安，首先看到的是一座雄伟的城墙，从西边的凤凰山腰延伸到延河岸边，使这座城一半在山坡，一半在平地。延安的地形很壮观：西边背靠凤凰山，东北隔河相望是清凉山，东南是著名的宝塔山。延河从北面流来，在宝塔山下拐了个弯儿向东流去。从南面流来的南川河，也在这里汇入延河。这样，就在延安城的东南北三面形成了三条大川。延安人对延河是很有感情的，洗衣、洗脸、洗澡都在延河里。很多人都说，抗战时候的延安是一个充满阳光的地方。黄土高坡上成排的窑洞，山坡中间流淌的延水，还有山顶上的古塔，这些象征中国革命意识形态的地理剪影，成了中国近代史上的经典画面。

在千里绵亘的黄土地、低矮闭塞窑洞的艰苦环境中，根据党组织的安排，刘群先仍然负责女工工作。因为有这样一批像刘群先一样经过长征、有一定妇女工作经验的干部的到来，陕北的妇女运动蓬蓬勃勃地开展了起来。

根据中共中央1937年2月25日关于开展妇女工作决定精神，2月，妇委正式成立。委员有邓颖超、廖似光、刘群先、卢竟如、陈奇雪、寄洪、徐克力、范元甄等9人。这时中共中央妇委关于目前妇女运动的方针和任务的指示信已下达到重庆（1937年12月南京失陷后，中共中央决定在武汉成立长江局，我的母亲刘群先和父亲博古都被派往武汉长江局工作。武汉失守后迁徙到重庆），要求建立广大妇女群众的抗战爱国工作的统一战线，团结各党派各阶级的妇女群众，根据不同地区的特点，建立各种适合当地妇女需要的妇女团队，为完成全民族的抗日解放运动而斗争。并积极动员妇女参加生产运动，提高妇女地位，改善妇女生活，并在斗争中培养大批妇女干部和党员。刘群先和其他委员一起先后三次讨论中央的指示。布置与总结了三八节的工作，并决定成立两个研究小组，出版一本妇女运动的小册子，加强南方各地的妇女工作。

1939 年 5 月，延安奶妈白存英带着小秦钢和她的丈夫曹治旺乘着延安到武汉的部队运输车来到武汉，因刘群先身患疾病，组织上已经安排她去莫斯科治疗，并同意她带着小秦钢和奶妈一起搭乘苏联专机去苏联，待刘群先治疗结束后同返。结果等了快 1 个月，周恩来通知刘群先，乘飞机人太多，白存英他们就不去了。

鉴于这种情况，1939 年 7 月，在秦邦礼的安排下，刘群先到澳门治疗疾病。秦邦礼（杨林，博古的弟弟），1927 年参加革命，在秦起同志领导的无锡钱业职工会任执行委员。1930 年加入中国共产党，1931 年到上海，在陈云、严朴同志领导下，从事党的经济工作。1934 年冬赴苏联莫斯科列宁学院学习，1937

年回国，在延安中央党校教务处工作。1938 年派到香港，在廖承志、潘汉年领导下，搞经济贸易工作。正好暑假来了，秦邦礼的儿子秦福铨和刘群先的大儿子阿土大秦钢，一起去澳门看望母亲、伯母刘群先，在澳门住了一个多月。这是阿土同母亲唯一相处的日子。他们两个孩子带着埃德加・斯诺写的《红星照耀中国》这本书和脑子里的好奇问题，向我母亲问这问那，母亲耐心地给他们讲解了许多她们在上海、在中央苏区和长征的故事，他们听得着了迷，两个孩子竟然趴在我母亲的腿上睡着了。秦福铨说，50 年后他仍记忆犹新。

秦邦礼（杨林）

潘汉年

从澳门回来后，刘群先在乌鲁木齐又等了 4 个月，于 1940 年 1 月 31 日抵达莫斯科。刘群先先后在莫斯科和拉尔山中的招待所、医院、休养所及火炮中度过了她生命的最后时光（这点信息是家人这两年才从苏联解禁的共产国际 1942 年发布的寻找刘群先的公函中得知），牺牲在伟大的反法西斯的战争中。

1940 年 6 月，母亲在苏联生下了她的小女儿，取名吉玛。母亲亲笔在苏联女护士抱吉玛的照片上，写着"博古、刘群先的孩子"。

母亲刘群先是一个深受压迫剥削的童工、女工，在党的旗帜下幡然觉醒成长，为劳苦大众翻身解放奋斗终生的共产党人。她亲历了我党早年奋斗的艰苦历程：大革命时代火与血的教训；上海反革命大屠杀的血腥恐怖；赴苏求学亲历了工人当家做主的苏维埃人民共和国，并找到了终生的革命伴侣；经历了苏区的建设和反"围剿"的枪弹炮火；长征路上的艰难险阻，生死抉择；延安时期的火红年代。无论何时何地，刘群先都是逢绝境、出绝唱的勇士。革命是温暖她心灵、支撑她精神的命火！她以人格和理想的奇特魅力昭示人生。读着母亲，读着母亲的神采，一次次对翻阅不尽时光无语。今天的刘群先已经以杰出女工领袖，成为拥有某种高度的里程碑而存在！

刘群先与秦邦宪生有二男三女，长子大秦钢（小名阿土，毕业于中国人民大学，于1957年病逝）；长女秦摩亚（原任北京联合大学职业技术师范学院副教授）；次子秦钢（小秦钢，又名阿福，原任海南开发总公司经理，2011年病逝）；次女秦新华（卫生部科技司副司长、中国优生优育协会会长）；三女秦吉玛（全国人大常委会法律工作委员会处长）。

母亲刘群先35岁，一颗高尚的灵魂在苏联卫国战争中涅槃。父亲秦邦宪39岁，英烈豪迈的英髓，在中共代表团重庆谈判后，回赴延安的飞机于黑茶山轰陨。从此，每当赴延安，祭扫“四八烈士”墓时，我都会亲临延河，倾听延河的歌声，轻轻的忧伤和颂扬赞美，观看延河边站立着的石子沾满泪水的表情。

延安“四八烈士”陵园

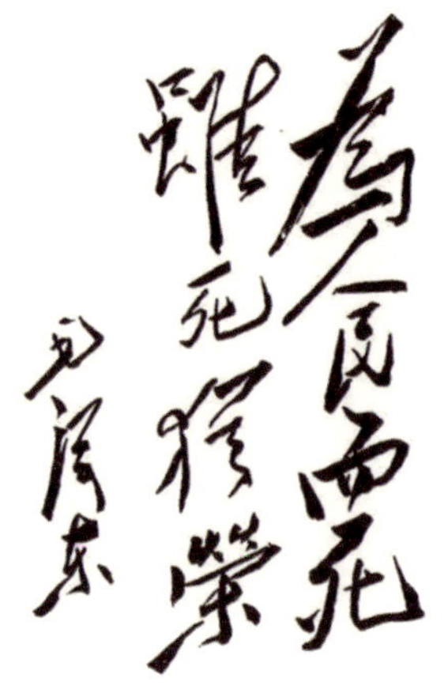

毛泽东为“四八”
罹难烈士题词

我都会亲临万众瞩目的清凉山，看我和父亲住过的窑洞，这种场景永远镌刻于我的心中，牵挂在我的记忆里。在这里我读出了母亲刘群先、父亲秦邦宪独一无二的神奇的绝版的人生……你们把生命和鲜血献给了养育你们的祖国和人民！

女儿永远爱着你们，怀念着你们！

安息吧，我的父母双亲！

女儿秦新华

2017 年 4 月 8 日于深圳麒麟山庄五号楼

附录一

无产阶级的领导人刘群先

尼姆·威尔斯

我在苏区期间和刘群先处得很熟，她待人亲切、宽厚，很热心。我在延安见过她多次，9 月结伴去西安。

我初次见到刘群先，她就对我说："我最后一位美国女朋友是雷娜·普罗梅[①]，我们是在武汉相识的。"

第二次见面时，刘群先带我去看她刚满周岁的孩子。说真的，我从来没有见过这么好看的中国孩子，而且长得很像他爸爸博古——苏区外事工作的负责人，1928 年在莫斯科和刘群先结婚。刘群先听我这么说，立刻问我是否愿意收养孩子。

她恳切地说："是个男孩。我太忙了，而且对孩子们来说，这里的条件实在太差了。"

刘群先 29 岁，身材短小结实，样子很精干。她穿

---

① 雷娜·普罗梅是文森特·希恩所著《我的经历》中的女主人公。希恩 1927 年在武汉主编一家报纸。

的也是正规军装，却很注重仪表，双手虽然粗糙，仍不失其美，一头短发，光泽照人，她用冷霜和上好的肥皂精心保护细腻的皮肤。有一天她送给我一瓶香水和一些粉红色的信纸，她认为我一定会因为享受不到这种资产阶级奢侈品而感到有所失。

她说话的声调不高，悦耳动听，往往闪动睫毛，睁大了眼睛，带着几分稚气望着你。我在苏区见到的人中，要算她最富于感情，时而怒气冲冲，时而热情洋溢。我在延安听过她给工会组织作报告，批评他人的错误时，言辞锋利，不留情面。她是位热情奔放、循循善诱的演说家，这和她在工人中深孚众望不无关系。不过她很同情和关怀他人的疾苦，谈到 1927 年和长征时，她几次噙着泪水说当时他们“甚至连统计一下死者人数的时间都没有”。她的经历几乎桩桩都是用泪水写成的。对那些认为中国人的感情是克制和麻木的人来说，见到刘群先定会感到吃惊的。

刘群先在苏区是重要的人物，不在于她是由选举产生的全国矿山工厂工会主任，而在于她是妇女界一位坚定的领导人。她似乎是天生的妇女“代表”，为争取妇女的平等权利而斗争。10 年前，她当过无锡缫丝厂的女工代表，后来参加各种劳工大会，不管在哪里，总是担任女工部的领导人。长征途中她是妇女队的队长，为了搞到军粮，亲自率众奔袭地主丰满的粮囤。苏维埃的妇女人数很少，而刘群先是她们出色的代表，可以称之为她们的革命代表。她警惕地捍卫着苏维埃妇女得来不易的权利，如稍有侵犯妇女权益的举动，她立即毫不犹豫地发动妇女保卫自身的权利。只要事关维护中国妇女刚刚争取到的自由，她定会挺身而出。在我印象中，红军里的勇猛善战者，对她敬畏的大有人在。

我在下面所写的故事，完全是照她告诉我的写下来，因为它的价值就在于她忠实地、不自觉地显露了一个中国女工的意识与经验，而且说得恰到好处。她对中国女工生活的忠实的叙述，和对苏俄以及苏维埃中国的印象，使我感到极大的兴趣。

当刘群先成为共产党员时，在穷人中间，甚至怀疑命运这事情，亦是革命的。她的故事对中国落后乡村的残忍与迷信，有着明晰的描述，虽然她是生于无锡附近的，而无锡又是中国最进步的，为上海之外最大的一个工业中心。

因为我出世的时候，家里恰好有人死去，因此村里的人都说我命硬，同家的人亦迷信地怨恨着我，诚恐我给他们带来了不祥。在所有的亲族中，不讨厌我的，只有我的母亲一人。我生下来刚 18 天，父亲便死去了，三年之后，祖父和叔父亦先后过世。

1907 年，我生于无锡附近的一个乡村里。无锡是中国最重要的一个工业中心。我的祖父靠拾粪过活，父亲，则专门和着刷墙角的石灰，由此你就可以看出，我出生的家庭是多么的寒贱。在祖父和叔父还没有死去以前，我们家里一共有 15 个人，后来因为这 3 个挣钱养家的人都死去了，家里穷极，不得已分了家，由个人自己设法过活。当我出世的时候，我的姊姊已经 9 岁，哥哥亦已 6 岁了，而分家之后，我们只分得半处房子和两亩田。母亲老是忧郁寡欢，而且有了很重的气喘病，她全靠养蚕和纺丝线来养活我们。到了我 9 岁的时候，我和姊姊两人结发网出卖，当时中国女人头上都戴着发网，我们两个人一天能够结 14 个，每两个卖给小贩 3 个铜板，而小贩则卖两铜板 1 个。到了春天，我还到山上拾蚕，等到它结成茧时，再把它卖出去，这是一种扫除的工作，因为在我们那地方，蚕子很多，这些都是人家丢掉的。

我的姊姊上了两年学，费用由她夫家供给。我呢，因为婚姻还没定妥，无人帮忙，但我却坚持着要上学，为了这事情跟母亲吵闹。最后，我终于上了一年学，由我自己挣钱缴费，当时一年学费只要1块钱。

我是一个非常顽皮的野孩子。我的3个同寅伙伴，在7岁的时候，都已定了婚，但我却咒骂那些到我家里的媒人，弄得他们再也不敢上我们家里来。当时我咒骂他们，因为我不高兴嫁给人家，愿意留在家里。在我们那里，都有养童养媳的风习，小女孩从小就送到别人家当奴婢用，长大了再当老婆。

我们村里，有一家地位很高的富人，曾经借钱给我们，收顶高的利息。他有一个侄儿正要讨老婆，为了我强壮好看，很可以做个好奴婢，因此看中了我。他自己有一只小汽艇，有一天，他要我去坐船玩玩，想更进一步认识我。但我拒绝他，逃在外面一整天。那时候我只有10岁，因为有钱人家对穷人的虐待，我痛恨那些有钱的人们。我又害怕这个人和他的那条小汽艇，因为河上所有的汽艇都是官府的，而且是用来收捐收税的。我记得当他坐着那小艇到我家来的时候，我的叔父就得把他们收成的东西当做租谷，还给他们。

我的母亲求我同意这门婚姻，因为这人家很富裕，愿意出很高的价钱，而她自己又病得那样厉害，再也没工夫看顾我。但我痛恨这种念头，拒绝了她。

但是无论如何，我的哥哥已到了应结婚的年龄，需要很大的一笔钱来办他的婚礼。而除把我卖了之外，再也没有办法可以筹到这笔钱，因此为了减除母亲的烦恼，我答应跟别的人家配婚，但有一个条件，这人家必须住在城里。因为我看见城里的人，吃得好，穿得好，而乡下的景况却一年不如一年。同时我也注意到，就在乡下人越发穷困的时候，政府任命的地方官员却越发富有。这道理我不懂，心里很迷惑，但我无论如何恨死这些官僚。

到了 11 岁的时候，我就跟一家在美孚火油公司当技师的人家配婚。这技师偷了一些火油，又从公司里诈了好一笔钱，自己开办了一家小翻砂厂。我的表兄弟，就在这厂里当学徒。姨母代他进行这件事，把我买了去，做他继子（他自己没有孩子）的老婆。钱一付出，我的哥哥便举行他的婚礼，我也到那技师家里，在正式结婚之前，做他家的一个“小老婆”。

我的家里虽然穷，但我在家一向是很自由的。到了这里，实际上却成为一个囚犯。同时离开了母亲使我非常伤心，她非常爱我，从不曾打我，只有一次，我的叔父——一个穷鞋匠的屋子给飓风吹塌了后，幸而建了座新屋子，当他在他的新屋里请我们吃喜酒的时候，我的母亲带了我去做客，席上我喝了好一些酒，竟喝醉了，母亲生气打了我。在新屋子里哭是倒霉的兆头，因此母亲又因为我的哭再打了我。这迷信使我生气，我有一个星期不跟我的母亲说话。

在这家庭里，我每天清早和午夜必须在这技师和他的老婆面前叩头请安。早上，他们还在床上，我就得拿茶水、香烟、自来火等侍候他们。夜里12点，我还不能上床，因为我得等着向他们叩头。在我自己家里，我常常睡得很早，所以这些事弄得我非常疲倦。吃饭的时候，我必须非常卑恭，这使我感到害怕，以致从没有一次吃饱饭。他们对我说，“别忙，吃得缓一点！”因此我就不能多吃。我绝对不能跑到街上，依照中国的习惯，穷女孩子是可以出去的，但富人家，却不能如此，甚至就是管家的太太们在街上行走，亦要给人家当娼妓看待的。

在他们家里，我用不着上厨房，因为有许多奴婢做这事情。但我得侍候他们抽鸦片。那技师老上窑子馆去，为了这事情，他的老婆时常跟他吵架，又更加多抽了些鸦片烟。

这生活使我厌倦，我恨极那地方。我在那里只有一个朋友，那就是睡在我房子里的那个年轻的女婢。每当我想到我竟当了这样人家的媳妇时，我心里就难过。我恨死那个要同我结婚的男孩，要是我手里有枪，一定打死他。我始终不跟他说话，一句亦不说。这是中国的老规矩，结婚前住在男家的女孩，不能同她未来的丈夫讲话。这螟蛉子知道我恨他，非常怕我，不论在什么时候，只要我靠近门边，而他又想走过去的时候，我就堵住不让他通过。这男孩的生母是一个丝厂的女工。

不久之后，技师的老婆恨死我，我在那儿的生活就万分困难了。我变得衰弱孱瘦，因此母亲把我领回去，在家里住了一年左右，专靠织袜子过活。接着，母亲死了，乡里的人全都老话重提："这女孩是扫帚星！"我们不得不四处借贷，凑集20元买一具棺材。这笔款定5年偿还，月利2分，用我们的地契作押。我的哥哥希望当个学徒，但找不到，因此我们更加穷得可怜。

年关时候，许多债主都跑到家里来要钱，哥哥和嫂嫂只好逃到亲戚家，留下我一人听他们的辱骂。我们从未吃饱。开头，我织袜子的本事很差，织好的袜子时常给退回来，实在难得靠这手艺过活。我嫂嫂不得已回她娘家去了。为了我母亲的死，为着我的饥饿，我无时不在哭泣。

到了我 13 岁时，那技师遗下一笔 1 万元的欠债死去了。债主封闭他的工厂，虽然亲戚们竭力想争它回来，但全都无效。工厂卖了 3000 块钱，依照法律，还了三成债。此外还留下 500 块钱，技师的老婆 200 元，那男孩也是 200 元，一个新的妾则分到 100 元，但那孩子却从未领到这 200 元钱。不久之后，那老婆亦死了，这样，我已没有可以寄身的地方，前途实在是一片漆黑。我本想到嫂嫂家去住，但她拒绝我，因为我命硬，恐怕克了他们。村里的人都蔑视我，把我的“苦命”当做笑谈。在这时候，我多少相信我自己的命运实在是乖舛的。

接着我的未婚夫不得不把他的养父养母的棺材，运到太湖附近的一个村落里——那里有着一座出产黄石的山，以便埋葬。我随着这两个棺材走，在这村里，我跟未婚夫的一个表兄弟住了几个月，每天到处砍柴和拾果。我的表嫂不愿我离开，想把我当他们的婢女。村里有一只船每天早上开往城里，因此，有一天早上早饭后，我便想搭了这船逃走，我爬上那座石山，但山顶有一个大坑，无法跳过，于是我不得不绕了个大弯，就在这时候，我错过了开船的时刻。第二次我想逃时，那妇人捉住了我，咒骂我说："我是一口井，你是木桶里的水，你一倒下来就永远跑不开!"我没有办法，跟她大吵一场，在新年快到的时候，我大哭大闹，虽然这是一种禁戒——新年号哭是要招来贫穷和倒霉的。

最后，我终于逃了出来，到了我们乡里，那时候正是阴历十二月二十五日，新年是快到了，但我既没有地方容身，又没有钱。先前我做手套和袜子时，曾省下5块钱，放在一位亲戚家里，我希望能够拿回来济急，但他却早就逃了，连我这笔钱亦给卷走。富人蔑视我，因为我是个穷女孩；穷人们亦蔑视我，因为他们认为我是个苦命鬼。这样，我非常痛苦，而且更加相信自己实在是苦命的了。

我到我姊姊那里，后来又到我嫂嫂家里去，但她拒绝我，甚至不同我说话，也不给我吃的东西。最后，我的姨母要我到她家里寄食，而我那70岁的外祖母见到我时，竟怜悯地哭了起来。

无锡的工厂生活

在我们那里，有一种迷信说：只要你在大年夜里做了梦，不管这梦是好是坏，你这一年一定会交好运。在那一年的大年夜里，我居然做了一场梦！我是这样快活，那天一早就起身，打开房门，凝望着东方的蓝天和云彩。我把这梦告诉我姨母，她说这是一种好兆头，要是我在工厂里找到生活，我一定会成功的。但在我们那里，不管家境多么困穷，送女孩上工厂做工，是一种丢脸的事。然而在阴历正月初五，我终于到城里去，在一家工厂里找到了工作。那时候我只有14岁，找到一间住着一对夫妻的房子，这于我十分不便，但我用不着付房钱。我自己烧饭，生活非常贫苦。后来，有一天晚上8点钟时候，所有的工人都放工了，我碰巧遇到几个同乡，心里万分快活，他们到我住的地方来，把我的东西带到他们的工人宿舍去。

这织布厂叫庆丰纱厂，厂主姓唐，工头则是我们的同乡。我们每天早上4点半钟开工，要到晚上8点或9

点散工，一共做 16 个钟头。我们是在厂里吃饭的，边吃边做。因为厂里的工头是我们乡里的人，他对我们很好，所以我并不痛苦，但却非常疲倦，我一整天必须不停地绕着机器走，连站住歇一会都不能。报酬是按工作的总额计算的，我每天约莫挣 2 角钱。做了一个半月，我只得到 2.7 元钱。依照工作的惯例，开头一个礼拜是没有报酬的。而且，如果你是在正月里开始工作的，你就不得不等到二月半，方才领得到正月上半月的工资，这是用来使工人们接续做下去，不敢中途离开的一个方法。当我接到这 2.7 元钱时，我很为失望，竟至哭了起来。

因为工资太低，我转到一家丝厂去，这是我姨母介绍的，她是一个工头。开头我的外祖母曾陪伴我，因为厂里一个熟人亦没有。开始工作的头一天，有许多男人围着我，拥抱我，我非常惊惧害羞。因为这工厂里男女工的关系很为猥亵，我终于离开那儿，重回到纱厂里来。我的技术缓缓改进了，我已能够多得些工钱。3 年后，我每天工作 16 小时，一月的工资已有 20 元，可以省下钱来，帮助我那可怜的哥哥和嫂嫂。因为我能够挣钱，我和家庭间的关系现在是很好了。他们以及乡里的人再亦不提到我的“苦命”了。不久之后，我们许多同乡亦进厂工作。但我仍然感到自己很为可怜，因为我不像别人，有母亲给我缝衣烧饭。

有一天，我决定去看一个算命者。开头我穿着一件破旧的衣衫，他对我说：“你的命不好!”过后，我改穿新衣去见他，于是他对我说：“你的命好。”因此我相信了我的新思想——所谓“命”，完全是瞎说的，那只是经济的问题罢了。这使我不再害怕命运，但我仍然不满意那家工厂。

开头，工厂里的规章十分宽松，后来变得非常严酷，要是早上4点半开工时迟到10分钟，工头就咒骂我们。工厂里有许多小孩，在4点半时他们是那样疲倦和瞌睡，以致时常啼哭。我常常讶疑，仅只为着糊口，干什么要在全城还在酣睡的时候开始工作呢?我们统统在黎明之前工作，到晚上8点方才回来，因为我们有几月从未看见青天，有一些人竟有几年没有见过太阳。每天我问我自己：“这苦生活什么时候才能终止?”而且祈望当天的工作早些儿完结。

我们是按月计钱的，要是机器损坏或停止，生产降低，我们的工资亦就减少，因此我们害怕机器，不得不小心保护它，好像它是非常神秘珍贵的东西似的。每当机器损坏时，稽查员便以减低工资处罚工人，有时甚至还要偿付修理机器的费用。

我们是有着“大洋”和“小洋”的，要是一个工人给罚了 5 分钱，那么余下的 9 角 5 分时常是用小洋支付，因此我们又遭了一番损失。

每一个工头管理 60 部机器，而每一架机器要生产 6 匹布。要是只少一点点，工头便毒骂和处罚工人。要是你做得多，工头就有赏钱，因此他管束得非常厉害。工头每天的工钱只有 6 角，收入全靠外快，每天散工之后，所有工人的饭篮都经过搜索，连女工的裤筒亦要搜查。为了这，我们每个人都得穿过一条狭小的走廊。厂里日工工人 3000 人，夜里则有 4000 人。

我恨那工厂，也恨它的主人。我不晓得他为什么会如此富有，他的孩子那时候刚从英国回来，负责管理这个工厂。工头恭敬地称他“少主”，但对我们这些女工，即连上厕所一两分钟，亦要吃他一顿毒骂。我脚手轻快些，比别人生产得多，被人尊为老手，因此工头对待我比对别人好一些。在工厂里，要是哪个女工长得漂亮，就比年纪大的或小的多占便宜，厂里对年纪大的和年纪小的工人很残酷，童工还要挨打。但要是你长得漂亮而又贞洁的话，待遇亦时常是很坏的，只有那些堕落的女人才会占便宜。我跟别的 9 个女人住在同一间房子里，其中有两个年纪很大，至少 36 岁，都已结婚，而且十分贞洁，工头对她们很坏，她们恨她，故意迟到厂里来激怒她。因为就是早到，她们所受待遇的厄运，已是无可复加的了。

1924 年冬天，一个年轻的女工从高处跌下来，落在一架大机器上，给碾死了。为了这一件事，一群工人开始怠工 3 个钟头，迫厂方给她的家庭 30 块钱。我们不晓得怠工的政治意义，这次纯然是自发的。但到后来，那些由上海来无锡的，曾经多少受过政治训练的工人们，便领导了我们全部的活动。

有一次，我的长头发给机器绞住了，因此我不得不把它剪去。在我看来，这是中国“短发”时期的象征。我的手亦曾受过一次伤。工人们的眼睛因为过度紧张，时常弄得失明。

我们最最痛恨那个工头。我时常气得把棉花掷在地板上，不管她如何迫我，我死也不把它捡起来。有几天，我到厂迟了些，为了这些行为，厂方认为我在厂里发生恶劣的影响，把我开除。于是我转到荣家所开的申新纱厂去，荣家是中国最大的产业资本家。我每夜工作12小时，由晚6点到晨6点，工资非常少。当时食物已经很贵了，每月单吃饭就要花到6块钱，同时还得付5角钱的房租。

1925至1927年革命的无产阶级

当我在那里做了6个月之后（在1925年），我遇到一个共产党员。他是从上海来的机器修理匠。1926年，我们举行了一次罢工，有12个工人被捕，判了12年徒刑，罪名是共产党，他们全然不是共产党员，当时我们厂里亦没有共产党的组织，但自此之后，我却继续跟这个从上海来的共产党员接触。他对我非常好。我不懂得共产主义的真实的意义，但我喜欢这个共产党员的行为，他拿书给我读，对我说："这些是很好的书，你不论在什么地方都买不到，因此你要绝对保守秘密，不要把它给任何人。"我把那些书放在袋里，但开头我还不晓得他说的话的意思。

我住在一个地主家里，他有一个11岁的小孩在小学里念书。我有不懂的地方便问这个小孩，但他又拿去转问他的父亲。他的父亲是一个税吏，他一看到这书心里非常生气。他告诉我，这些书是共产党的宣传品，要是被人发现，我就得砍头。他对这事倒很客气，不过把我轰了出来。这样我又在一个警察家里借了一间房子。一星期后，我所有的东西竟给人家偷光了！我没有地方可住，亦没有衣服穿，因此跑到女工宿舍，跟别的女人睡在一起。共产党时常在那里开着秘密会议，因此我亦入党，但不晓得什么纲领。当时，我从未听说过五卅惨案，后来一些女工方才把这件事告诉我。

我们有一个工会，但并不健全，无论如何，那些由上海来的工人，对共产党的纲领却完全明白。在秘密会议里，这些工人和共产党员便从事宣传，他们对我们说："你们甚至连牛马都不如，牛马至少还有得休息，你们一天却做 16 小时的工。为什么你们的生活会这样苦呢？这不是命运，而是资本家的压迫。因此我们工人应该联合起来，跟资本家斗争！"在每一次秘密会议之后，我都非常激动，而且真诚地感到他们所说的每一句话都是对的。

这些会我从未缺席，亦听了许多关于国民党和国军胜利的消息。在前两次会议之后，为了想到这些新思想，我简直要发狂，无法工作，不断地团团转。我亟愿把当前的政治形势和上海的五卅惨案这些事情告诉我的同伴们。机器的响声是高的，因此我不得不把声音提得更高。为了这些谈话，我弄得沙哑失声。每星期日，我尽我所能地召集女工们参加会议，但因为星期日她们得洗衣服或是回家，大都没有工夫，到会的只有几个人而已。我对她们说的话，她们全都同意，听了很开心，但因好些人不能到会，我心里很难过。

就在这时候，许多上海的工人到无锡来，他们都是五卅运动中被开除的非常革命的分子。

这个新工厂的工头，开头对我们非常好。现在却残酷起来了，因为我放弃工作去参加党的会议。当时厂方当局给共产党的秘密活动弄得非常恐怖。

我是热诚的。我刻苦地做着党的工作。有一次我遇到党的负责人，我说："我的工作很难展开。我跟许多人谈话，他们都很同情，但因没有时间，所以未能参加会议。"他回答我说："你应当继续刻苦工作，因为中国的革命工作应当在3年之内完成。"当我听到这话之后，我感到轻松，决定用不着操之过急，因为3年看来是很长的啊！但要是他们说"3个月"的话，无论如何，要我比当时所做的更加加紧是不可能的。这已是10 年以前的事情了。

党的工作发展得非常快，许多许多的工人加入工会和党的组织来。党是秘密的，但我们已有了 100 个党员，后来还要增加。我们厂里的工人是 5000 人。

党把我调到妇女运动部。我在第一次被雇的庆丰纱厂做这工作，不久便为了这个给厂方开除。当时差不多每个工厂都有党的支部。纱厂的工人要比丝厂的工人好，因为缫丝的大都是较落后的女工，纱厂却是男人居多，而从上海来的那些受过政治训练的工人，又多半是棉纱工人。在丝厂方面，无论如何，我们亦举行过一次罢工，女工们英勇地战斗着，在盛怒之下，砸毁了工厂的玻璃，虽然纱厂工人们斗争还要厉害些。1926 年 4 月，所有的丝厂全都罢工，约莫有 20 个领袖被捕，后来释放的只有几个而已。

我在庆丰纱厂的工作非常成功，许多工人都参加秘密的集会。我被开除之后，进了另一家缫丝厂。在这时候，我是工人方面与资方谈判的代表，成了无锡一个著名的劳工领袖。

1926 年年底，我们听到北伐军已打过来，张宗昌的军队快到无锡的消息。许多领导人害怕被砍头，都逃避了。但我跟别的一些同志仍然留下来，准备当国民党军队最后到达无锡时欢迎他们，因为我们相信国民党的军队是一定打胜仗的，在无锡所有的工厂里，并没有一个国民党员，当时没有一个工人加入国民党，加入它的只有学生。

我一向是很怕兵士的，但现在由于新的思想，我已有了新的勇气。从城里商业中心到工业区去，中间有着军营，我必须经过这地方，但我一点亦不害怕。

1927 年 2 月，无锡所有工人的总工会秘密地成立了，我们计划给北伐军一个盛大欢迎。2 月底，由各工厂派出的 200 个代表在城外 20 里的一个庙里开秘密会议，我是赴会的代表之一。在会上我们通过一个决议：如果工会总部下命各厂以罢工欢迎北伐军时，所有的工厂，都得响应。

这时候，我们党的工作和组织已很坚强。3 月 12 日，当我们听到蒋介石将军统率的北伐军就要占据无锡时，我们随即号召一个罢工。所有无锡的工厂都加入这个罢工，总计有 3 万工人，步行到车站去欢迎北伐军。我们比北伐军先到，而张宗昌的守城部队，看见这一大队不平常的队伍，以为我们就是国民党的正规军，他们仗亦不接地落荒而逃。因此工人们不费一拳，便把无锡占领了。当我们回来时，学生们亦参加进来欢迎进城的北伐军。

国民党占领无锡之后，工会便公开活动了，女工们在运动中亦开始获得了巨大的利益。工会的领袖们非常忙，因为各工厂都要求总部派出组织者协助他们建立工会。我当时负责组织所有丝厂的女工。有一次，丝厂女工的代表跟资本家进行了一整天的谈判，结果我们的要求被接受。工人们的工资是增加了，工作时间是缩短了，早上开工的时间由4点半改为5点，吃饭时候亦有短期的休息。以往工厂每月给工作优良者4角钱赏金，厂方企图将它取消，但我们又压迫厂方，结果他们被迫收回成命。

那时候，我们都感觉到：一切的工厂至少是属于工人的了！所有的人都很快乐。每个工厂都有它的工会和它们自己的办事处。被捕的12个领袖亦被释放了并且受了工人群众的盛大欢迎。但这些人被资本家所收买，后来就叛变了。他们尽力使这运动的风纪非常败坏，以致破坏了我们的许多工会。等到他们叛变了的事情被人知道之后，女工们都很害怕工会，大家十分沮丧。我曾经遇到一个年轻的共产党的领袖，名字叫秦起，他对我特别感兴趣。他的父亲曾做过清朝的官员，但家庭已经破产了。秦起曾经在一家面粉厂里的经理部做过事，面粉厂关闭后，他失了业，因此开始努力工人运动。他从未曾把他真正的身世告诉人家，只竭力做成一个普通的工人。所有的人都非常尊敬他。当时共产党的组织者差不多全都是学生，但工人们信任他们，和他们有着良好的关系，因为学生们并不看轻工人阶级。我们都知道学生们有着很好的生活，其所以竭力推进劳工运动者，完全是由于他们的主义与理想。

1927 年 5 月，全国劳工大会在武汉开会，秦起同志要我做代表跟他一道去出席，我同意。他告诉我 3 万里外有一个大国，名字叫苏维埃俄罗斯，又说他不久之后，就要到那里读书。他问我是不是愿意一道去，自然，我是极想做到这一点的。

在这时候，国共两党的分裂已经开始，而革命的势力非常高涨。有一次总工会召集一个群众大会，到会的工人们结队捣毁政府和国民党的机关。国民党非常憎恨这些工人们，计划杀害他们的领袖。（中略）在这个非常的时候，军队不敢采取压制工人的行动，他们以为无锡的工人跟上海的一样，有着武装，而且控制了电力厂和电话局。但实际上我们只有3条枪而已。

当时秦起同志非常忙碌，我和别的同志亦是一样，我们时时刻刻准备着反动行动的开始。秦起同志因为知道他随时都会被杀，特别拍了许多相片，分发给他的许多朋友们。有一天他走来看我，给我12张相片，要我长远保存它。接着他对我说："我的情形非常严重。国民党随时都可以杀我，要是我死了，你难过吗?""每个革命者是应该随时准备牺牲的。"我回答。对这回答，他似乎感不到满足，他说："要是你被杀了，我可非常难过!"这时候，上海的工会已经被破坏了，工人们亦被屠杀，因此无锡国民党的军队准备采取同样的行动。他们已不再害怕了，因为有12个奸细已告诉他们，说工人们完全没有武器，因此他们才敢动手来毁坏我们的组织。

有一个资本家，我曾经作为工人的代表跟他谈判过的，他想把我的名字告诉国民党当局，叫他们抓我。但他后来又变了心，因为他只有一个儿子非常珍爱，依照中国的迷信，如果一个人做了这么一桩恶事，他的儿子亦是要死的，因此他把告密的事取消了。在攻破工会总部的后一天，无锡到处发表着关于我的死亡的故事，我的亲戚闻讯全都哭泣，并派人到无锡来打听真相。他们发觉我并没有死，于是我又再度返回老家。

我的未婚夫自从父死家破之后，亦在一家机器厂里做事，亦已成为一个共产党员。这时候，他劝告我离开无锡。

自从这一事件之后，有许多工人被捕，但有许多人是逃脱了。所有的工人领袖已不能不逃难了。有许多人被秘密地处死，罹难人数究竟多少，我不知道，但无锡被杀的无论如何没有别的地方多。稍后，又有7个共产党员同时被杀。我想当时被杀者中，还没有女人。

在我们村里，他们把我当做一个危险的人物。我到处遭人鄙厌，那种把我当做“扫帚星”的厌恶之心又复活了。于是，我又不得不离开。我记得当时只有个70岁的老人同情我，他对我说：“不用怕，国民党从东边来，你可以从西边走的。”

不久之后，党内有人来找我，我跟党的关系是接上了。我把秦起的相片给他，叫他分撒到各个工厂去。所有的女工都在她们的头发上结着白线，用以哀悼她们的领袖之死。

秦起被杀时只有 27 岁。当我听到他的死讯之后，我哭了许多时候，因为我非常喜欢他。但我过去时常怕羞，时常抑制我对他的态度。自然，他亦是爱我的，而且要是他不死，我们两人是会订婚的。他自己还没有与人订婚，我亦会取消我已有的婚约。他是一个非常活跃的工人，平常只睡 4 个钟头，像拿破仑一样。

无锡的工人要反抗国民党的行动，但他们没有武器，陈独秀派亦反对这个办法。同时，上海的失败在无锡引起了沮丧的反响。当我们派往上海的两个代表带着“四月事件”经过的消息回来后，无锡的工人便感到他们很难有成功的可能。要是上海的工人胜利了，无锡的工人一定亦会得到胜利的。

1927 年 6 月，我到了上海。那时候，还有许多工人被杀。当时处刑的方法非常残酷，有许多是给“腰斩”的。我见到一位在无锡认得的党员，他把我送到党的某个秘密的办事处里住了几天，随即就做了参加全国劳工大会的代表动身到武汉。

那时候，武汉正被封锁，物价非常昂贵，最主要的原因就是纸币当时已经通行。大会闭幕之后，情势越来越严重，而革命高潮亦越来越高涨。

那时候，我认识了一个名叫雷娜·普罗梅的美国同志，我非常欢喜她，我们两人时常一道吃饭。

我在武汉只住两个月，便返回上海来。一回来，差不多所有的同志都已被杀了，要跟党取得联系，万分困难。我住在一家非常蹩脚的小旅馆里，度日非常艰难，一切全靠一个朋友支持。后来，关系接上了，我受命到莫斯科念书。1927 年 10 月，我便动身出国。

在苏联的一个中国女工

我在莫斯科进东方大学。校里只有 40 个工人，其余多半是学生。在这个学校里，我们受过短期的军事训练，虽然我念书很用功，但在开头，什么是社会科学，我一点亦不晓得。

同年年底，世界劳工大会开会，我是与会的代表之一。中国代表团的领袖是 1931 年在南京被杀的向忠发，至于五卅运动的著名劳工领袖王绍华（译音），因在 1927 年被杀，所以没有参加。中国代表是 20 人，全世界各国代表总共 1000 人。见到这么些来自各国的与会代表们，我心里万分的激动。

大会刚刚开幕，“广州公社”就出现了。与会代表们听到了这消息，非常忧虑。报上说在暴动中有100位女性被杀，其中大半是女工，有的且是尚未成年的女孩。同时，成千的男人亦被杀了。噩耗传来，我们全都万分悲痛。

在大会上，我初次遇到正在孙逸仙大学念书的博古，他在会场中担任通译，当时第一次五年计划刚刚开始，联邦政府集中全力于重工业方面，因此物价非常高，与会代表每天的食物得花10卢布，因此有些代表感到生活很不舒适。博古向我说明这种情况的原因，又跟我讨论建立社会主义的困难，这困难甚至要使代表们过着艰苦的生活。当我听到他这种谈话时，我非常喜欢他。博古没有参加1925至1927年的大革命，所以对我的叙述极感兴趣，因此我们在一起的时间很多，1928年5月，我们就结婚，一直到现在。

大会刚刚闭幕，孙逸仙夫人到了莫斯科，召集了一个讨论中国革命问题的会议，我亦出席。会上有许多外国人，讨论时大半是用英语，因此我没有听懂。孙夫人是非常漂亮的，当她刚刚到达，就有一位苏维埃的艺术家给她画了一张像。我非常敬爱她，因为她对中山先生的大革命政策非常忠诚。她又善于讲谈，确是一位第一流的女政治家，同时又是所有中国女性应当仿学的模范人物。

我曾经到各工厂去参观，并在苏维埃工人中作中国革命的宣传，要求他们援助。他们全都十分同情，连小孩们看见我访问他们时，亦高呼“中国革命万岁”的口号。他们这种共同联合的亲密感情，使我非常感动，有时甚至感动得说不出话来。

我对于苏联工人的第一个印象，就是他们非常优秀。我发觉他们对于一切最好的可能的生产方法，都非常关心，而他们对于国际事件的见识亦很丰富，时常把许多关于中国革命的巨大的问题提出来问我。

在一所小学校里，我见到一群小孩子正在讨论着资本主义社会的严重的矛盾，这使我非常惊讶。

在另一个地方，我看见800多个孤儿在一所学校里，得到很好的照顾，有好些甚至在学习音乐。当我参观了这所学校的时候，我不禁想哭，因为我想起了我的幼年，和中国无数的孤儿，他们不惟没有地方安身，甚至连饭亦没得吃。

当我初到苏联时，饭食是很恶劣的，但到了我离开时，它已经很好了。不管情形如何艰苦，所有苏联的人都是热情的和快乐的，不像我们中国人。后来我才悟到要是我们的革命得到成功，那么，即使饭食再坏一些，我们亦是一样骄傲和快乐的。

当我视察苏联，和想起在现发展阶段之前那漫长的革命历史时，我就认清了中国要达到苏联这样的地步，必须经过同样的漫长的过程，我们无锡的工人先时却以为革命只要“3 年”便完成的。当时苏联的新经济政策阶段刚刚过去，新的资产阶级正待肃清，而集体主义则已开始，因客观情势没有得到很好的调整，生活情况非常艰苦。富农到处烧毁贫农的房子，而保守的农民，总以为他们的田地和牲畜比别人的好得多，因为痛恨集体农场，老想退出。但政府把比较进步的农民组成集体农场，给他们以好的机械，结果收获比旧法来得多，就这样把旧的生产方式克服了过来。苏联革命后首先是分配土地，其次才成立集体农场。我们中国的苏维埃现在还在第一个阶段里。

由 1927 年到 1930 年，我一直住在苏联，除在中山大学上正课（只有一年）外，还在一个同志那里补习中文。后一门功课到我回国的时候，还没有完全念完。

由1928年到1929年，中山大学的学生间有着很猛烈的斗争，即所谓托派和斯大林派的斗争。就为了这件事，学校终于在1930年解散。学生中托派分子只占30%，但潜势力非常大。1929年曾经清除过一次，中国的托派分子有些自首悔过，有些则返回中国来。那时候中国的共产党要一面反对右倾的机会主义，一面反对“左”倾的托洛斯基主义，而机会主义者便与托派勾结，一起反对斯大林。在中国问题的见解上，托派和右倾机会主义者都主张陈独秀路线是正确的。

中山大学里又有一小部分中国留学生诅咒苏联，说它是赤色帝国主义者，以致变成托派。有一次，几十个中国托派学生在莫斯科的街上示威，高呼“打倒赤色帝国主义！”结果有几个人被捕，但随后就被释放。

但现在，我们的反托路线已不只是党内的，而是党外的反汉奸路线了。

李立三路线

当我回到上海来，我是女工部的负责人，在工业区域工作。开头，我被委任为全国总工会的书记，但因自觉不能胜任辞去，以至受到了党组织的批评。就在这时候，反立三路线刚刚开始。党内的斗争非常剧烈，弄得无法好好进行工作。党一面要反对“左”倾的立三路线，一面又要反对何美云[①]和罗章龙[②]的右倾之向。当时在各工厂工作实在非常困难，因为黄色工会相当强大，李立三在工人之中，亦有很大的势力，工人们都很喜欢他，认为他是一个很好的领袖。工人们依着李立三路线，举行了一次大示威，结果有许多工人和共产党员被捕。自此之后，工人们很恐慌，工作亦就更加难于开展了。1931 年春，我们在一家丝厂里举行了一次大罢工，稍后许多党的组织分子终被发现，致使大批人员被捕。这不幸事件对于工人运动的影响很大，有许多工人，因为受了警察的贿赂和别的引诱竟至叛党。

当时黄色工会的力量很强大，这是并非偶然的：他们取得合法的地位，而且有很多的钱可以收买那些落后的工人分子。一到工人与资本家斗争，黄色工会的领袖便出来调解，工人们虽不喜欢这种解决事端的办法，但都以为除此之外，再没有别的方法的。在 1923 年平汉

① 原文如此，可能为音译。——编者

② 原文如此。——编者

路罢工时，中国的工人运动是很高涨的，自此之后，继续增高，直到了1926年和1927年。但1927年12月“广暴”失败之后，便到了它的最低潮。自此直到1934年，它方才重新开始。

当时上海总工会的总书记是×××[1]，现在是第二方面红军贺龙部的政治主任。有一天，他被捕了，而我恰好在他被捕之后半个钟头去看他，所以差点儿亦给捉进去。

苏区的工人

1933年，因为上海的情形非常恶劣，我几乎要离家一步亦不可能，乃不得已动身来苏区。我经由汕头，进入福建苏区，然后再到江西。由福建进入江西苏区的路非常难行和危险，而在我之后亦沿这条路入苏区的，是德国同志李德。不久之后，有许多党员就在这地区被土匪抓去。当时，我只带几个随身的卫士，到了安然进入苏区，我的兴奋和快乐，是无法形容的。

我在苏区负责女工运动。同时，全国总工会总部亦

---

① 原文如此。——编者

已由白区移到苏区，主其事的是×××[1]。在苏区里，有许多的妇女活动，一般说来，这些都是很好的，因此我非常忙碌。

苏区的革命活动使我万分激动。而最使我感动的，是我看到全体游击队员在夕阳西下，开始出发夜袭之前聚集山上高唱革命歌曲的时候。我最最盼望能看到的，就是中国民众手执枪械，浩浩荡荡地出发为自由而战的那种景象。

在苏区里，地方政府从事经济建设，非常忙碌。苏区里每一个普通农民或是小孩都懂得革命的道理，这一点使我非常惊讶，比起他们和他们的经验来，我觉得自己非常落伍！

在我们的总工会里，有1万个女工和30万个男工，每个工人从早到晚，都非常忙碌。女工中的革命活动是非常积极的，每天她们分出时间来给红军的士兵们制作鞋子和衣服。女工的丈夫大半都是红军，而那些来自城市的女工，她们的丈夫除开老的不说，差不多全都加入红军在前线作战。

---

① 原文如此。——编者

苏区对待兵士的态度，跟中国别的地方完全不同。那些到前线作战的人，非常受人尊敬，而他们的家庭亦因他们的英勇行为感到快乐光荣。农民们都分得土地，因此都晓得应为保卫它而与白军作战。

在苏区里，工人们时常帮助士兵们建筑战壕以及别的种种工作，譬如，泥水匠建的防御堡垒是非常出色的。而当工人们正在前线从事这种工作时，妇女和小孩则在后方耕种。事实上，中央苏区后方一切的工作，都是妇女们和小孩们担负的。女工们还上夜校，而教师亦都是女人。每一个工人不管是在前方或是后方，都觉得他们是在为革命而战，而农民们亦只留下足够的食粮，把剩下的一切生产品送给红军。党员们到老百姓家里，时常得到很好的款待，被邀请到那里吃饭睡觉。

我以前从未骑马，到了我会骑马时，心里非常快乐。我一点亦不害怕，反而喜欢驰骋。

我在苏区待一年，接着我们已不得不动身开始长征，置身于为着未来而做的一切计划和可惊异的成就中了。

在长征开始之前，我们曾举行扩充红军兵役的运动，结果有6000名新军参加。同时还动员了20%以上的总工会男女会员，其中包括失足的妇女，组成了赤卫队。他们从事军事训练，而当红军开始长征时，赤卫队的战士便开至前线作战。每一县都设有赤卫队，18 岁以上的女性一律参加，18 岁以下的女孩则加入少年义勇团，所有女赤卫队员则在后方工作，如抢救和看护伤兵、补充给养等。在长征开始前后，红军和赤卫队跟白军有极猛烈的战斗，我们亦非常的繁忙。苏区所有纱厂亦开始举行一个供给长征士兵以足够的衣服的竞赛。

这时候我刚好有孕，而在这种情况下开始长征，使我非常之疲累。我已生过两个孩子，一个是在莫斯科生的男孩；一个是在上海生的女孩，生后一个月就送到一个老乡家里去寄养。

每天都有飞机到我们的首都瑞金来轰炸。某一夜，当我睡觉的时候，有一条蜈蚣在我头上咬了一口，我到处寻找不到，怕它又会跑回来，因此睡不着觉。接着我便发起了高烧，病得很厉害。后来我小产了，不得不休息一个月，而这正是长征快开始的时候。

长征

1934 年 10 月 14 日，我们离开了瑞金。开头，行军非常辛苦，双足酸痛，每天晚上都得用热水洗足；有许多人因此落在后头，老跟不上大队。但我过了相当时期以后，已能够步履从容，边行军边工作了。参加红军长征的女性非常少，只有30个女党员和30个别的工作人员。留在江西的许多女党员都是很有能力的，不幸，她们后来大半为白军所杀。

在长征中，我们还随军携带许多政府所有的机械。这工作是军事委员会组织，由罗迈（罗现在是党校的校长）主持的。此外，还有救护和运输等部，差不多有5000以上的人从事这种工作。在长征中，我是军事委员会辖下的政治工作人员，担负如下各种职务：在红军休息的时候作演讲和其他的教育工作；调查地主和他们的财产，并协助土地与财物的分配。这种工作是非常重要的，因为红军在长征中必须保持非常良好的军纪，使经过各地的民众对于红军能有良好的印象。红军绝对禁止拿用老百姓的财物，如有借用，用后必须全部奉还；不管行军如何匆忙，红军士兵在借用老百姓门板睡觉之后，每天清早起身后，都必须小心将门安好，并扫净借用的房间，如有违反，他就要受到严厉的处罚。

不论任何人，都不准私人直接取用地主的东西，没收之财物，都要经政府机关分配。而除开保存足敷军用之粮食之外，我们还把没收来的东西，散发给沿路的人民，因此他们心里非常快乐。沿路的人民都很欢迎红军，有许多人想参加我们，但我们并不要许多的人参加，长征是危险而艰苦的。

在长征中，女同志们时常跟党的负责人员吵嘴，因为她们得不到足够的粮食，以至有时候相互间竟抢着吃。每一个人都想吃饭，但没有一个人愿意带米，因此我们不得不调查究竟是不是每个人都带了她自己的米粮。女人们吃的食物跟男人们的一样，别的待遇亦没有一点不同，只有在实在不能走路的时候，才允许她骑马。我们30个女同志没有一个人在路上死去。

当时，队伍里有许多受伤的人，当他们看见女同志们骑在马上，都很妒忌，为了这事情大家吵起嘴来。

我们一出了江西，便把30个女人组成一支特殊的妇女队，由我当队长。这特别队跟其他的红军分开来，理由是一样的：当时红军正与广西的苗子作战，生活非常的艰苦，兵士们心想女人们一定得到较好的待遇和食粮，而女人们同时又不能担任运输工作，有些甚至没有带着自己的粮食，由此两性之间便争吵起来。我们亦就由大队分出来，由我们照料自己。李伯钊——现在是前线戏剧队的领队，当时是当政治主任，因为职务上的关系，我们在一道生活工作。在还没有与红军分开来以前，我们老是吃不饱，但现在，我们的粮食却很充足。李伯钊走在队伍的前头安排食物，其他一切的事情却由我负担，有时则两人一道，去找寻财产应予没收的地主。这妇女队只成立了一个月，到达贵州的遵义之后，妇女队便解散，各人分别在红军中从事看护或做政治工作。自此之后，两性之间再没有麻烦，大家一起过着同样的生活。在长征中，所有的女同志全不跟她们的丈夫住在一道，而各自从事独立的工作，这一点是不用说的。

到了遵义，我便在总政治部中工作。当地有着许多木匠、泥水匠和丝厂、火柴厂的工人，我便帮着把他们组织起来，我们保证在我们未离开之前，把丝厂工人的工钱提高。直到我们离了遵义，这些工人组成了3队游击队，起来保卫他们自己，连妇女们亦参加他们，遵义是贵州的第二个大城，比贵阳还要现代化些。

遵义有着许多地主。记得有一次我和李伯钊去调查一个普通地主的资产，他们全家都已逃光，我们便住在他的家里。他有着几百个南瓜，两千斤鸦片，许许多多的丝绸和狐皮，还有几百箱别的东西。有许多东西是藏在墙壁里头，但现钱却没有找到。我们两个从早到晚一直在这屋子里数着这些，其中有 40 箱我们随后分发给当地的民众。

县里还有无数的食盐，这东西一向是由官府专卖的，我们把它全数没收，用很低的价钱把它卖给老百姓。

当我们进入像遵义这样的城市时，我们便由老百姓处购买了一切必要的东西，并以苏维埃纸币偿付。到了我们要离开的时候，我们便用由地主或官署处没收来的东西做交换，把我们的纸币收回。穷人们对我们这办法非常喜欢，所以每个城市里都有几百个人要求加入红军。而在我们离开之前，我们便在当地组织了游击队。

我们在遵义只停留 10 天。我们一离开，国民党的军队就入城了。他们拘捕和毒打被我们组织的工人，有几个竟被处决，但大部分的人却在白军未来之前逃跑了。这地方的游击队非常勇敢活跃，时常攻袭白军，使他们蒙受了很大的损失。

不久之后，红军又回到遵义，但所有的工人领袖全已逃光了。城里的人因为害怕红军离开后白色恐怖又将重演，所以大都逃跑。第二次我们只住了几天，国民党的飞机每天在天上出现，并用机枪向城里扫射。当我们大队开拔，到了 80 里外一个叫做白拉口的地方时，我们又被阻重回遵义来。这回只逗留一天，隔天晚上又再度出发。在这一天两晚上，我们一共走了 240 里路。直到最后一次到了白拉口，红军的先锋部队在大队的前头鏖战，而我们亦不得不从镇上直杀过去。

长征中许多特殊的遭遇，我此刻已记不很清了，只有几个重要的地方还记得住，特别危险的事情我倒没有碰到过，只有一次我的马跌下山去，活活摔死，我却安然无恙。

我在总政治部里的主要职务，是在路上做农民的和工人的群众工作。每逢我们到了一个新地方，政治部的工作人员便视察士兵同志是否遵守纪律，并调查受伤的和损失的兵员的人数。如果士兵不守军纪，便受军法的制裁，党员则开除其党籍，结果军纪非常良好。就因为我们竭力给各地民众以良好的形象，所有的老百姓都喜欢我们，整个的长征变成了一个惊人的宣传巡行。

政治部还负责调查当地的地主，并判明善与恶。每当我们开始侦察，坏的地主便全都逃光，据我所知，红军本身在长征中从没有杀过一个地主。声名好一点的地主又时常自动让出东西来，因此他们亦没有被杀。

在红军还没有到达一个地方之前，地主们时常散播谣言，说共产党要杀尽所有的人，抢夺一切的财产，并且强迫所有的人跟着他们逃跑。因此当红军初到个地方，当地的人，非常稀少，但经过了三四天的宣传之后，大批的人就返回来了。

在大草原上，因为地势极高，非常寒冷，我们全军只有秋衣，这是非常危险的。在这里死去的人数比其他地方要多得多。这地方每天降雨，我们却毫无遮盖，亦难生火，到处可以看见死人的尸体。但红军英勇的士气仍然很高，而在这困难的环境下，革命同志之间的关系更分外融洽密切。亦就为了这一点，使我们在精神上破除了万难。自然，为了自保的本能曾为了食物的问题吵嘴，但我却从未看见有人因此打起架来。有许多小孩结果是在这些蒙雪的高山上给寒气冻死了。而当我们越过潮湿的大草原那难以探测的薄纱的时候，我时常看见一个强壮的人，偶一不慎跌进泥沼里之后，就顿时陷没不见。在这地方，死神是在四处窥视着我们的。

在大草原的气候非常奇异和危险。有时候太阳明亮而且温和，但骤然间狂风突发，带来了暴烈的雨雪，我们就毫无遮盖地置身于这种风暴之中。10 分钟后，风雨又骤然收霁。中午 12 点钟之后，没有一个人能在山上行动，只有在早上 9 点到 12 点这时间内才有可能。一个身体羸弱的人，在这种情形下，他实在很难活下去的。

在查河附近有一座高山，从山脚至山顶只有 5 里，但结果有许多人却无法走完这短程的山路就冻死了。山上的气候非常寒冷，必须迅速越过山巅，朝山坡疾趋下去。我们首先过山，队伍里就有 90 个人在这悲惨的山上死去。看到这种景象，我心里非常悲伤，不禁为之痛哭。在我们之中，没有一个人晓得他自己明天究竟是死是活，我们没工夫去计算死人的多少。

我们花了 5 天工夫，才越过大草原，有几队却要 10 天工夫。许多人在这时候生起病来，有些都没有鞋子，双足都给冻伤。每个人的脸部瘦削无人色，而活着的人亦没有精力顾及那些垂死的人，但我们的决心却是始终坚强，革命精神亦仍然高涨。

我的那个小鬼，就在翻过大草原上某个高山时死去，他只有 11 岁，由江西随军出发，在队伍里当着看护。

当我们横越大草原时，我曾经和蔡畅为食物问题吵嘴。我因为身体好，喜欢多吃，但蔡畅却要我尽量少吃。我们没有盐，没有油，成天吃青草，但无时不感肚饿。这些草煮起来味道并不坏，在那时候看来的确是蛮好的。我们有时亦吃生麦子，许多的人就为了食物生起病来。蔡畅身体一向是柔弱的，所以在长征中老是害病。

一过了大草原，情形不消说好得多。我想在长征中最快活的一天，大概是我们到达苗人区域的阿西，在那极度的饥饿之后，我们竟看到牛肉和牛油！每个人都有充足的牛肉，让他一次吃个饱！队伍一到晋北，我们便到瓦窑堡。党命令我负责女工的工作和组织合作社。1936 年 1 月全晋工人的代表大会会议席上，我便被推举为国营矿坑及工厂的指导员。

你问我现在是否乐观？在西安事变前，我并不怎样乐观，因为我们的军事形势很恶劣，虽然政治的影响倒是日趋扩大的。但自此之后，我实在很快乐，因为在我们看来，现在已有了和平，而只要停止内战，就是我们最大的胜利。如果西安事变不是和平解决的话，南京一定在亲日分子的控制之下，那么情形必定是十分恶劣的。我一向痛恨蒋介石，但现在，如果他与日本作战，我就不会再有这样的感情。我希望他成为一个民族统一战线的英雄，把中国从日本的压迫下解放出来。要是这样，我们全体在未来抗日的战争中，将毫不犹豫地接受他的命令。

［摘自海伦·斯诺（尼姆·威尔斯）《续西行漫记》］

附录二

博古与上海大学

——在上海大学校史展暨溯园落成仪式上的发言

秦新华

1921年中国共产党成立后，面临的突出问题是传播马克思主义和急需加速培养党的优秀人才。中共总书记陈独秀曾与李大钊等人多次酝酿筹划，决定创办一所干部高等院校。

上海大学的前身是东南高等专科师范学校，校址设在闸北西宝兴路青云路一条叫青云里的里弄中，1922年改校名为上海大学。李大钊推荐邓中夏担任总务长。学校逐渐变成革命的摇篮。

上海大学是在中国共产党人主导下，由国共两党领导人共同主办的一所大学。一大批国共两党领袖、著名学者和社会精英曾在这所大学任职任教。曾在该校任教的有：蔡和森、张太雷、恽代英、沈雁冰、任弼时、萧楚女、田汉、郑振铎、俞平伯、朱光潜、朱自清、丰子恺、章太炎、胡适、郭沫若、吴玉章、叶圣陶等。

1923 年，孙中山、李大钊、廖仲恺等都曾来校演讲。

1924 年 1 月，国民党第一次代表大会制定了反帝、反封建的革命纲领，确立了联俄、联共、扶助农工的三大政策，标志着在孙中山领导下的国民党与中国共产党实现了第一次国共合作。在本次大会的决议中写入了对上海大学办学经费的资助，此时，上海大学的学生很快从 160 人增加到 400 人。

上海大学培养了大量的国民革命者和共产党人，是中国共产党和中国共产主义青年团组织，是上海发动师生进行反帝、反军阀的国民革命运动的重要活动中心，吸引了数千名追求社会进步的热血青年，我的父亲秦邦宪就是其中的一个。

秦邦宪，字则民，乳名长林，参加革命后取名博古。他于 1907 年 6 月 24 日出生于一个书香世家，是北宋著名词人秦观的后人。秦邦宪家学渊博，对古文有一种特别的兴趣。从他懂事起，就常常爱翻阅家里堆放的旧书，后来他逐渐读起了《左传》《史记》等古典作品。这为他以后能够写得一手好文章打下了很好的国文基础。

1911年10月10日武昌起义，辛亥革命爆发，以孙中山为首的革命派为了振兴中华，推翻了腐朽的清王朝。1912年1月1日，孙中山先生宣布成立中华民国，结束了封建帝王专制制度，开启了近代中国历史进步的大门。毛泽东曾经说，孙中山先生之所以伟大，不但因为他领导了伟大的辛亥革命，而且因为他能够“适乎世界之潮流，合乎人群之需要”，提出“联俄、联共、扶助农工”三大政策，把旧三民主义转变为新三民主义。

1915年，秦邦宪考进了无锡第二高等小学（即今日的东林小学），后来转入无锡省立第三师范附小（即今日的无锡师范附小）。

1921年，他考取了苏州省立第二工业专科学校（简称“二工”）。9月，秦邦宪离开了无锡，到苏州上学。在苏州“二工”四年学习期间，他开始迈上了革命道路启蒙阶段。

1921年以后的无锡和苏州如同上海一样，革命的气氛十分浓厚。《向导》《中国青年》《觉悟》《妇女评论》等进步报刊最受欢迎。秦邦宪进入“二工”后，如饥似渴地阅读这些进步报刊，一个崭新的世界呈现在他的眼前。

中国共产党的早期革命活动家恽代英、萧楚女曾来到江苏师范学堂进行讲演，秦邦宪是当时最热情的与会者，而且是逢讲必到，并且一丝不苟地记下笔记。他们热情洋溢的报告，在少年时代秦邦宪的心灵深处激荡，把自己的命运和中华民族劳苦大众的命运结合起来的革命火种开始萌发。

1923 年，上海大学的无锡学生安剑平、糜文浩发起组织上海大学孤星社（后改名为中国孤星社）。孤星社是青年学生自发组成的进步组织，安剑平担任社长，孤星社聘请上海大学校长于右任为名誉社长，邵力子、邓中夏、瞿秋白、叶楚伧①、何世桢②等为顾问。其宗旨为“研究学术，讨论问题，彻底了解人生，根本改造社会”，提出要“救急地宣传三民主义，热情地走入

---

① 叶楚伧（1887—1946），著名的南社诗人，国民党官僚，政治活动家。

② 何世桢（1894—1972），毕业于东吴大学，后留学美国，获法学博士学位。回国后，任东吴大学法科教授，上海大学学长（教务长）。历任中国国民党第二届中央执行委员、上海公共租界临时法院院长等职。

民间，彻底地鼓吹世界革命，勇敢地身先向导”的口号，提倡“大侠魂”的精神。上海大学孤星社还创办出版《孤星》旬刊。

孙中山应旬刊主编安剑平的函请，亲自为《孤星》题写刊名，《孤星》从第5期起改换为孙中山题写的刊名。孙中山并致电安剑平，嘉许《孤星》“深切时弊”，并勉励他们广为宣传“吾党之主张，而尽言论之职责”。

孙中山能为上海大学一个学生创办的刊物题字和嘉勉，足见他对上海大学进步青年学生活动的关切和支持程度。

1924年6月，孙中山亲手创办的黄埔军校开学，他起用了上海大学师生担任要职。上海大学教员恽代英、萧楚女、安体诚①、高语罕②等先后到黄埔军校任政治教官；邓中夏、施存统等到黄埔军校做讲演；上海

---

① 安体诚（1896—1927），中共早期的优秀党员、工人运动的领导者、杭州和陕西地区中共党组织的创建人、知名的教育家。1927年被蒋介石杀害。

② 高语罕（1888—1948），早年赴日本留学，1907年毕业回国，到安庆从事秘密反清活动。1923年加入中国共产党。1929年被开除共产党党籍。后到北平北京大学任教。1948年因病逝世。

大学还输送了很多学生投考黄埔军校。“武有黄埔，文有上大”，名不虚传，并逐渐成为世人的共认。

在苏联十月革命的影响下，上海大学孤星社称颂列宁是全人类的革命导师和救星，颂扬十月革命的道路，要求入社社员“化小我为大我，除有我为真我”，并在无锡成立孤星社支部。

在“二工”上学期间，秦邦宪认识了安剑平等进步青年，不久他参加了中国孤星社。

1924 年 1 月 29 日，由上海大学的无锡学生成立了锡社。锡社是一个革命知识分子的团体。秦邦宪加入了锡社。并被推选为苏州委员会（又称支部）负责人。1925 年 3 月 12 日，孙中山因患肝癌在北京与世长辞。孙中山的逝世引起全国人民的无限悲痛。全国上下都纷纷举行悼念孙中山先生的大会，无锡市的进步团体都在筹备举行追悼大会，秦邦宪和锡社成员是大会筹备工作的骨干力量。秦邦宪承担了筹备大会的联络接洽工作，并做得十分周密圆满。

4 月 5 日，秦邦宪得知恽代英要来无锡参加孙中山追悼会后，立即亲自赶往车站迎接。秦邦宪紧紧地握住恽代英的手，两人一见如故。恽代英在会上回顾了孙中山先生的生平历史，号召大家为实现孙中山的遗嘱而继续战斗。这次悼念活动在秦邦宪的思想上引起了重大反响。他想，必须要参加革命组织，就这样，他参加了中国国民党，开始踏上了直接投入改造社会现实的国民革命中。

1925 年 7 月（暑假），中共党员侯绍裘[1]经组织同意，应聘从上海来苏州任私立乐益女中校务主任。8 月，国民党江苏省党部成立，侯绍裘被选为省党部常委。从此，侯绍裘就秘密地以双重身份领导和发展苏州的革命活动。

1925 年 9 月初，侯绍裘在乐益女中秘密主持建立了第一个中共苏州独立支部，直属上海区委领导，支部书记为叶天底。在此前，学生中已有中共党团员。这时期的党团员，只有年龄上的区别：23 岁以上为党员，23 岁以下为团员。支部之内，既有党员也有团员，他们同样完成党布置的各种任务；同样上街游行示威，散发传单，发表演讲；同样遭到反动势力的逮捕、关押，

① 侯绍裘（1896—1927），著名共产党人，“五卅”爱国运动参与和领导者，积极参加“五卅”运动的发动组织工作，成为上海和江苏群众运动中有影响的领导人之一。

甚至杀头。

“五卅”惨案前夕，秦邦宪由周学熙介绍加入了中国共产主义青年团“CY”。在苏州工专，他们成了亲密的战友。从此，秦邦宪就踏上了在无产阶级政党领导下、为劳苦大众翻身解放而奋斗的革命道路。

1925 年 5 月 15 日，上海日本纱厂资本家镇压工人大罢工、打死工人顾正红。5 月 30 日，英国殖民者逮捕声援工人的学生，枪杀无辜群众，造成了震惊中外的“五卅”惨案。这时的上海大学，已成为“五卅”运动的先锋队。

1925 年 5 月 31 日，年仅 18 岁正患着严重肺结核病的秦邦宪，义愤填膺地说：“国之将亡，焉顾我身，宁愿生为中华人，死为中华魂。”

6 月 1 日，秦邦宪率先在“二工”举行全校学生声讨大会。会场上学生们情绪激愤，高呼“打倒帝国主义”“废除不平等条约”等口号。秦邦宪以“二工”学生会会长的名义登台演说，他大声疾呼向帝国主义讨还血债。由于心情过于激动，体力不支，当场口吐鲜血。同日，他赶回无锡参加 29 个群众团体和单位的联席会议。会议决定成立“英日外国人惨杀同胞无锡后援会”。

会上，秦邦宪等人当场起草了一篇洒满泪滴的传单，上面写道：“有血气的同胞呀！为什么不奋臂而起？洒几滴血泪做后盾，奋斗！奋斗！”

这份传单油印散发后，同时又在6月4日的《锡报》和《新无锡》报上发表。

从此，“后援会”成了无锡反帝运动的总指挥机构，秦邦宪是其中主要负责人之一。他们做了大量宣传和组织工作，在无锡人民的斗争史上写下了光荣的一页。

紧张繁忙的斗争活动，使秦邦宪病情进一步加重，不得已回到无锡家中休养。9岁丧父的秦邦宪，从小和母亲就有很深厚的感情，看着家中日益衰老的母亲，东奔西走，以一妇人的智慧而调排筹划；想到年稚怯弱的弟弟，因为缺乏财力的缘故而去给资本家做奴隶；想到聪明勤学的妹妹，因为金钱不继行将失学，心中深感矛盾和不安。秦邦宪感激母亲为他所做的一切，为通情达理的母亲感到骄傲。

6月9日，无锡出刊了小报《血泪潮》，以孤星社的名义先后共出版了24期。《血泪潮》头版就印有

“精忠报国，还我河山”八个大字，此时，秦邦宪已成为《血泪潮》的主要撰稿人。

秦邦宪以《病榻琐记》为题，连续在《血泪潮》小报上发表文章。“想着上海流血的惨事，帝国主义者的假面具一概打破了，轩辕黄帝以来的五千余年的国家，或将沦于真正殖民地的地位”，“意想及之，热血如沸，披衣起坐，欲拔剑起舞”，描述了他忧国忧民的悲壮情怀。

“五卅”惨案后的半个月内，上海成了血腥的世界，帝国主义者为了镇压中国人民的反抗，出动了海军陆战队、铁甲车队进行武装巡逻，万国商团使用了各种武器对中国人民进行了惨无人道的屠杀。

进步刊物《向导》及时将《中国共产党为反抗帝国主义野蛮残暴的大屠杀告全国民众书》公之于众，《向导》的揭露，给予秦邦宪更大的勇气，于是在6月14日的《病榻琐记》（续）中又继续写道：“惟一念及上海惨况，国之将亡，焉顾我身，宁愿生为中华人，死为中华魂，不愿赧颜惜命于胡虏蹄下。”秦邦宪慷慨悲歌为国捐躯的爱国主义思想跃然于纸上。

为了挽救危亡的中华民族，秦邦宪对当时所投身的斗争充满信心和希望。他在 6 月 16 日的《病榻琐记》中写道："这天，旭日临空，熏人欲昏，青草细柳，亦憔悴欲亡，而我们男女同学都能走几十里路不稍懈怠，民气的激昂，青年的热血，中国的复兴，其赖于是！"

病卧在床的秦邦宪想到，"只要我们朝野上下同心协力的向外一致抱着与国共存亡的决心，任凭你天也不怕，何恐区区一两个外国赤佬英日呢！只要我们自己努力，自己不懈，最后胜利可操左券。朋友们！记着吧！五耻未雪，吾民何日能忘，一息尚存，此志不容稍懈"。

在《血泪潮》上，他诠释了什么叫作主义："主义是一种思想，一种信仰，和一种力量。大凡人类对于一件事研究当中的道理，最先发生思想，思想贯通以后，便起了信仰，有了信仰，就生出力量。"

发表在《血泪潮》上多篇《病榻琐记》的杂文，反映了一个 18 岁的热血青年强烈的爱国主义思想，特别是在投入共产党领导、国共合作的火与血的革命斗争中，共产主义信念和为共产主义奋斗终生，已在他内心的深处开始生根萌发。

1925 年 8 月，秦邦宪报考上海大学。1925 年 9 月底，秦邦宪被正式录取为上海大学社会学系的学生。这是他革命生涯中又一个重要的里程碑。共产党早期的卓越领导人——蔡和森、瞿秋白、恽代英、李达，都亲自给他讲授马列主义理论课。

1925 年 10 月，秦邦宪在上海大学加入了中国共产党。

1926 年年初，由于党的工作需要，秦邦宪离开了上海大学，直接投身到了轰轰烈烈的革命斗争中，并有机会与中共江浙区委书记罗亦农接触，他从罗亦农身上学到了不少的杰出共产党人的优秀思想品质和革命的斗争艺术。

1926 年 7 月 1 日，国共合作的广东革命政府发表“北伐宣言”，决定出师北伐，完成孙中山先生的夙愿。

北伐战争胜利进军的消息大大地鼓舞着上海工人阶级，中共中央派罗亦农、赵世炎先后到达上海，12 月周恩来离开广东秘密到上海。

在中国共产党的领导下，1926 年 10 月、1927 年 2 月和 3 月，上海工人阶级共举行了三次武装起义，第三次起义终于胜利，上海工人和人民群众用鲜血解放了中国的中心城市——上海，在中国革命史上写下了光辉的一页。

秦邦宪在罗亦农领导下，参加了第一次上海工人起义的具体准备工作，在中国共产党高层核心直接领导的革命斗争中，经受了一次血与火的锻炼。

1926 年 10 月，上海淞沪警察厅奉联军总司令部“对国民党上海特别市党部从严查究”的密令，搜查了上海国民党特别市党部，并将在那里工作的秦邦宪逮捕。秦邦宪在敌人面前始终保持了共产党员坚贞不屈的高尚品质。敌人因搜查不出任何证据，不得已在第二天将他释放。

当年 10 月，中共中央要选举一批共产党员去苏联莫斯科中山大学学习。秦邦宪立刻向组织写了申请书。几天以后，秦邦宪接到通知，要他参加考试。考试是由上海区委书记罗亦农主持，试题是国共两党的关系和中国国民革命的出路。秦邦宪根据自己学习实践的体会，认真地做了回答。

不久，中央正式通知他，赴苏学习被批准了。几天后，秦邦宪接到了上船的通知，登上了一条苏联货轮，同行的男女同学有 10 人，都是他未来的同学和战友！秦邦宪默默地告别自己的祖国，踏上了新的革命征程！

1927年4月12日，蒋介石发动了“四一二”政变，大肆屠杀共产党人，国共合作完全破裂。国民党指责“上大是赤色大本营，是煽动工潮、破坏社会秩序的指挥机关”，4月19日，南京国民党中央发出通缉令，通缉共产党及跨党分子197人，在上海大学工作和学习过的恽代英、邓中夏、李硕勋、蔡和森、彭述之、侯绍裘、沈雁冰、瞿秋白、施存统、张太雷、林钧、何洛、高尔柏、朱义权、刘荣简、杨贤江、杨之华、余泽鸿①、萧楚女、黄胤、王亚璋②、张秋人③、刘一清、龙大道④、高语罕等人，都在其中。

---

① 余泽鸿（1903—1935），1924年考入上海大学社会系，次年加入中国共产党。历任中共上海区委学生运动委员会主任、中共中央秘书处秘书长。中央直属纵队干部团上干队政治科长等职，1935年因叛徒告密牺牲。

② 王亚璋（1902—1990），1924年入上海大学读书，次年加入中国共产党。1927年出席中共第五次全国代表大会，当选为候补中央委员。中华人民共和国成立后历任中共中央对外联络部研究员、机关学校校长等职。

③ 张秋人（1898—1928），1922年初，加入中国共产党。湖南省立第三师范（衡阳）英语教员，1927年任浙江省委书记，1928年英勇就义。

④ 龙大道（1901—1931），1922年考入上海大学，次年加入中国共产党。1928年5月任中共浙江省委常委、浙江省委代理书记。1931年在上海英勇就义。

5 月 2 日，上海军警闯入上海大学逮捕数名学生，5 月 3 日，指令淞沪国民党警备司令杨虎和陈群将上海大学查封。

存在了近 5 年时间的上海大学，是中国共产党成立以来，积极创办的第一所国共合作的大学，培养了数以千计（约两千多人）的国民革命者和中国共产党人。

上海大学是两党志士仁人真诚合作、共同办学的典范！是中国共产党建立之初，就把继承辛亥革命作为中国共产党人的职责和历史使命，把自己作为辛亥革命忠实的继承者的真实写照。

上海大学是国共合作培养革命人才的摇篮、最高学府，一批共产党早期的卓越领导人、杰出的马克思主义理论家和宣传家或直接任职，或定期到校宣讲革命理论和思想，为中国马克思主义社会学步入大学讲坛，开辟了一片新天地。

教育成败，关键在教师，名师执教，名人辈出！上海大学的发展史证明了这一点。

“江山代有才人出，各领风骚数百年”，在中国共产党领导下，在为实现民族独立、人民解放、国家富强、人民幸福的不懈奋斗历程中，上海大学师生前仆后继、英勇奋斗，为中国革命、为中国共产党的事业，做出了巨大贡献！这段历史，我们要永远铭记。这是中国共产党的一段历史，也是上海大学最值得骄傲的历史传统！我们来参加这次纪念座谈会，就是为了铭记这段历史，继承发扬上海大学的优良传统。

1927 年，上海大学因为有深厚的革命传统，被国民党解散，上海大学从此中断了 30 年。1949 年，中华人民共和国成立后，经过多次合并恢复了上海大学。改革开放后，中国的教育事业和中国其他事业一样，获得巨大发展。国家和上海为恢复上海大学，做出了很大努力，投入了大量资金，建成了今天的上海大学。

在恢复初期的 1983 年，钱伟长教授受聘出任上海大学校长。20 世纪 90 年代初，国家教委为发展中国高等教育事业，同时积极支持上海大学申报“211”工程项目，要把上海大学建设成新型的高水平的现代化大学。

30 年后的今天，我们来到上海大学，看到上海大学已成为新型的高水平的现代化一流大学，我们感到无比的欣慰和自豪。

我相信上海大学在以谙习先行者开创的路为基础，以继承弘扬上海大学革命传统为契机，上海大学一定能够成为世界一流大学！让我们共同为上海大学祈福！中国梦一定能够实现！

（原载《中华魂》2016 年 12 月刊，总第 302 期）